Thüringen

Das Land der Burgen und Schlösser, Dichter und Denker

Liebe Leserin, lieber Leser,

fragt man Urlauber aus dem Ausland, warum sie nach Deutschland reisen, dann wird meist „die Kultur" als erster Grund genannt. Dann folgen die deutschen Städte und dann das Naturerlebnis. So gesehen müsste Thüringen in Deutschland eigentlich das Reiseziel Nummer eins sein. Denn an wunderbaren Städten, Residenzen und Schlössern, Wäldern und Landschaften und denkwürdigen Stätten der deutschen Hochkultur hat Thüringen auf engem Raum eigentlich mehr zu bieten als irgendein anderes Bundesland.

Schiller und Goethe, Bach und Luther, Weimar, Eisenach und Erfurt, der Thüringer Wald, der Hainich und der Südharz, die Theater in Meiningen und Gotha – damit wären nur die populärsten Schlagworte genannt. Denn Thüringen ist ja auch Wieland und Liszt, Feininger und Klee, das Bauhaus, Jena und Schmalkalden – um ein paar ganz willkürliche Beispiele zu nennen.

Und schließlich die Wartburg, unser Titelmotiv, mittlerweile eines der beliebtesten Reiseziele in ganz Deutschland. Hier forderten deutsche Studenten 1817 erstmals unter ihrer schwarz-rot-goldenen Flagge „Deutschland, einig Vaterland". Dass es das nach einer zwischenzeitlichen Trennung von 40 Jahren wieder ist, ist eines der größten Wunder und Geschenke. Dass nämlich auch die Westdeutschen die Schätze Thüringens erreichen können, ohne dabei eine Grenze überschreiten zu müssen. Dazu möchte ich Sie alle einladen. Thüringen lohnt sich.

Herzlich, Ihr

Andreas Hallaschka
MERIAN-Chefredakteur

MEHR ALS 400 SCHLÖSSER UND BURGEN gibt es in Thüringen. Das Greizer Sommerpalais ist eines der vielen restaurierten Prachtbauten. Den Englischen Garten nutzt man heute für das traditionelle Park- und Schlossfest. Seite 90

JAN PHILIPP REEMTSMA, Literaturwissenschaftler und Publizist, ist es zu verdanken, dass Gut Oßmannstedt, der Wohnsitz des Dichters Christoph Martin Wieland, restauriert wurde. Seite 42

SIBYLLE BERG, geboren in Weimar und gefürchtet für ihre ironischen Kurzsätze, erinnert sich mit erstaunlicher Sentimentalität an ihre Heimat – das Thüringen ihrer Kindheit. Seite 29

THOMAS STEFAN ist vom Nationalpark Hainich verhext: Er fotografiert ihn seit vielen Jahren. Alljährlich erscheint ein Kalender mit Stefans Fotos in Zusammenarbeit mit der Parkverwaltung. Seite 58

>> Mehr MERIAN im Internet: www.merian.de

INHALT

Thüringen

SEITE 90
FÜRSTENHÄUSER
In Thüringen tummelten sich Dutzende Adelshäuser. Sie konkurrierten friedlich auf den Feldern der Kunst und der Architektur

SEITE 52
FAMILIENEHRE
Carl Philipp Emanuel Bach, Johann Sebastians Sohn, nummerierte seine Familie und kam bis 50. Aber es waren viel mehr, und alle waren Genies

MERIAN | Info >> SEITE **119**

SEITE 70

SCHILLERTHEATER

Jeanne d'Arc und ihr Vater. In Wirklichkeit: Bauerbacher Dorfbewohner, die im Spiel Schiller gedenken

SEITE 12

HEIMATBILDER

Wald und Burg, Wald und Theater, Wald und Residenz: Thüringen ist eine Schatzkammer aus Bäumen und Ziegeln. Und für die Schriftstellerin Sybille Berg eine verlorene Heimat

SEITE 44

IMMERGRÜN

Überall, wo Schlösser sind, da sind auch Gärten. Und überall, wo Gärten sind, war Goethe

SEITE 76

FEINARBEIT

Handwerk von Tradition bis High-Tech, von Laserlicht bis Porzellan: In Thüringen haben Spezialisten Erfolg

ZEITSPRUNG

Arme **Amalia**

50 000 historische Bücher sind für immer verloren, 62 000 Werke weisen starke Feuer- oder Wasserschäden auf. Der Brand am 2. September 2004 – nur wenige Wochen vor dem Umzug der Buchbestände in das neue Magazin! – war eine Riesenkatastrophe für die Herzogin-Anna-Amalia-Bibliothek in Weimar. Ursache: ein defektes Kabel. Die Feuersbrunst verwüstete außerdem den Rokokosaal und 35 Gemälde. Allein die Restaurierung und Wiederbeschaffung der 62 000 Bücher wird 67 Millionen Euro kosten – ohne Spenden unmöglich! Eine Möglichkeit zu helfen, ist das neue „Weimar-Spiel – Herzogin Anna Amalia und die deutsche Klassik", denn ein Teil des Erlöses geht an die Bibliothek. Das liebevoll recherchierte Spiel aus dem Belser Verlag (24,95 Euro) testet und vermittelt eine Menge Kenntnisse. So wird aus jedem Spieler zugleich ein kluger Mäzen.

25. Juni 2004

8. September 2004

GOETHES LIEBLINGSBLUMEN

Gärtner**Haus**

Als der Dichter das ehemalige Weinberghäuschen 1776 bezog, wurde auch der Garten umgestaltet: So wie damals schaut er noch heute aus. Wenn Haus und Garten mal wieder von Touristen überquellen, hilft die Pappkopie: Darinnen befinden sich Samentütchen mit Goethes Lieblingsblumen – zarte Einjährige wie Löwenmäulchen und Jungfer im Grünen, deren Pracht den Dichter inspirierte. Vielleicht auch den Käufer? **www.ginkgomuseum.com**

1959

1990

1994

1999

Viermal in 40 Jahren hat MERIAN dem Freistaat ein Heft gewidmet: Das zweite – gleich nach Öffnung der Grenze – war eine Bestandsaufnahme; die beiden letzten Hefte hatten ausschließlich Weimar zum Thema

www.illesbalears.es
www.spain.info
Tapas
Meer
Meer
Meer
Meer
Meer
FREU DICH!
DU BIST AUF
MENORCA
ESPAÑA
Menorca
Illes Balears
Segeln Sie auf unserem kristallklaren Meer dem Alltag davon.
Genießen Sie unsere köstlichen Tapas und schöpfen Sie neue
Kräfte. Freu dich! Du bist auf Menorca.

Fängt Blicke mit allen Seiten.

Der Viano. So schön kann ein Van sein.

Jeder Van hat eine Schokoladenseite. Der Viano hat viele. Seine breiten Schiebetüren laden bis zu acht Personen zum Einsteigen ein. Seine große Heckklappe ist auf die größten Wochenendeinkäufe vorbereitet. Und für Ihren Vord mann wird der Blick in d Rückspiegel zum Vergnügen. Erf

Die Abbildung kann Sonderausstattungen enthalten, die nicht zum serienmäßigen Lieferumfang gehören.

B J 155

MUSEUMSBIER

Brau**kunst**

Bei Schmitt ist alles wie 1875: Die Brauerei ist eine der kleinsten und traditionsreichsten Deutschlands mit einer jährlichen Produktion von 140 000 Gläsern. Zuschauen kann man hier immer – Schmitt ist seit der Wende eine Museumsbrauerei. **Ilmtal-Singen, Brauereiweg 1 Tel. (036 29) 80 25 56**

VOLKENRODA

Seelen**Kasten**

Das 1131 gegründete Zisterzienserkloster wird 1525 in den Bauernkriegen zerstört, 1968 die baufällige Kirche geschlossen. Die Wende kommt mit der Wende: 1990 engagieren sich Volkenrodaer Familien für die Rekonstruktion, es findet sich ein neuer Träger, das Kloster wird ökumenische Begegnungsstätte. Mehr noch: 2001 baut man den „Christus-Pavillon", der auf der EXPO 2000 als Gotteshaus diente, auf dem Gelände wieder auf, ein Konstrukt aus Glas und Stahl von Meinhard von Gerkan. Ergebnis: eines der spannungsreichsten Architekturstücke Thüringens. **www.kloster-volkenroda.de**

RENNSTEIGLAUF

Rekord**welle**

Der GutsMuths-Rennsteiglauf über bis zu 72 km ist rekordverdächtig: Für die DDR war er die größte Breitensportveranstaltung, heute ist er Mitteleuropas größter Landschaftslauf und gewiss einer der schönsten, beim 33. Mal im Jahr 2005 nahmen – noch ein Rekord! – über 15 000 Läufer teil. Der Start in Neuhaus war bewegend: Mit dem Schneewalzer brachten sich die Läufer in Schwung. **www.rennsteiglauf.de**

Schiller! Eine Comic-Novelle, vom Zeichner HORUS erzählt. Gefördert durch die Kulturstiftung des Bundes, erschienen bei: EHAPA COMIC COLLECTION, Egmont, Köln 2005, 12€

AUSGRABUNG

Urzeit**puzzle**

Seit einer Million Jahren birgt das Flussbett der Ur-Werra bei Untermaßfeld einen naturhistorischen Schatz: weltweit einzigartige Tierskelette aus der Urzeit. Vermutlich begrub ein Hochwasser die Tiere tief im Sediment. Spitzenfunde der rund 14 500 ausgegrabenen Objekte sind u.a. Gepard, Bison, Nashorn. Ein Riesenerfolg für die Paläontologen Hans-Dietrich und Ralf-Dietrich Kahlke.

SCHILLER LIGHT

Schräger **Vogel**

Schiller ist langweilig, oder? Sein Leben aber war alles andere als langweilig: Er schrieb rast- und ruhelos, floh des Nachts aus der Kaserne, musste sich verstecken und wurde erst spät ein Star. Schiller selbst zu lesen, ist nicht jedermanns Sache, ganz sicher unterhaltsam dagegen die Comic-Novelle über Schillers Flucht nach Meiningen.

Zahlenspiel

11
Universitäten, Kunst- und Fachhochschulen machen schlau

168,3
Kilometer wandern am Stück kann man auf dem Rennsteig

983
Meter hoch ist die höchste Erhebung, der Große Beerberg. Ihm folgen der Schneekopf (978 m) und der Große Finsterberg (944 m)

998
Gemeinden zählt der Freistaat, darunter 128 Städte

1500
Pflanzenarten wachsen in Thüringen – ein botanisch vielfältiges Paradies

16 172
Quadratkilometer groß ist der Freistaat Thüringen

99 998
heißt die letzte vergebene Postleitzahl in Deutschland. Sie gehört den Ortschaften Körner und Weinbergen bei Mühlhausen

2 534 849
Apfelbäume wachsen in Thüringen

30 000 000
Schiefergriffel aus Steinach wurden 1931 als größte Lieferung aller Zeiten nach Indonesien verkauft. Mit dem weltweit einzigartigen Schreibmaterial lernten viele Menschen schreiben

215 000 000
Kubikmeter Wasser kann die Talsperre Bleiloch bei Saalburg aufnehmen

Thüringen,

Als Gestern lebendig war: Die Schriftstellerin Sibylle Berg

Fotos: Arthur F. Selbach

meine Heimat

erinnert sich an das Land ihrer Kindheit

Im Nordwesten des EICHSFELD – in jener herb-lieblichen Landschaft mit weiten Feldern und tiefen Buchenwäldern – zieht sich eine Kette von Burgen entlang des Werratals. Die romantischste ist Burg Hanstein bei Bornhagen, an der vom neunten bis zum 17. Jahrhundert immer wieder gebaut wurde

Die Kunstsammlung Lindenau in ALTENBURG ist der etwas groß geratene Beweis für die aufgeklärte Haltung des 19. Jahrhunderts: Hier werden neben vielen anderen Kunstschätzen die Abgüsse antiker Statuen gezeigt, die der Gelehrte und Staatsmann Bernhard August von Lindenau „der Jugend zur Belehrung, dem Alter zur Erholung“ sammelte

... Das Paradies
ist geschlossen, wegen Erkenntnis ...

Die von Menschenhand geschaffene Seenlandschaft nahe Schleiz ist heute lieblich anmutende Natur: Der größte aller PLOTHENER TEICHE misst 28 Hektar, das Pfahlhaus ist über 300 Jahre alt. Einst von Mönchen für die Fischzucht angelegt, gibt es noch heute an die 1000 dieser Teiche

… In meiner Erinnerung

war es immer Frühherbst und ein wenig diesig am Morgen …

... Es war fast zu viel an Gefühlen

– es gab Täler und Wald, kleine Fachwerkbauten und Ruhe ...

Den Thüringer Wald belebt der Gegensatz tief eingeschnittener Täler und bewaldeter Höhen: Beim TRUSETALER WASSERFALL nahe Schmalkalden stürzt das Wasser 58 Meter tief. MÜHLHAUSEN im Eichsfeld (li.) verschont von Krieg und Industrialisierung, ist das Idealbild einer mittelalterlichen Stadt

… Da war immer die Hoffnung,
dass unterwegs ein Wunder passieren würde …

Im südlichen Vorland des Thüringer Waldes liegt das ehemalige Prämonstratenser-Chorherrenstift VESSRA, eine sechs Hektar große Anlage. Die Pfeilerbasilika aus dem 12. Jahrhundert brannte 1939 völlig aus

… Ich erinnere mich

an alte Holzbrücken, an Bäche, die noch Geräusche machen …

Die Landeshauptstadt ERFURT ist eine muntere Schöne: Eine geschäftige Universitätsstadt mit weitgehend erhaltenem mittelalterlichen Kern. Auf dem Domplatz (links) thronen Dom und St. Severi-Kirche. Die 120 Meter lange Krämerbrücke (oben) über die Gera ist Nordeuropas einzige bebaute und bewohnte Brücke

Die über 900 Jahre alte WARTBURG bei Eisenach ist Thüringens Wahrzeichen und ein steinernes Monument deutscher Geschichte und Kultur: Von den Minnesängern über die heilige Elisabeth, natürlich Luther, auch Goethe, Moritz von Schwind und Wagner – alle haben hier ihre Spuren hinterlassen

... Die Welt hatte Risse,

aber sie war noch in Ordnung für ein Fast-noch-Kind ...

SAALFELD ist eine der ältesten Städte Thüringens, wo heute die Saalebrücke steht, gab es schon im Mittelalter einen Übergang. Die Gründung der Stadt **MEININGEN** (rechts) liegt mindestens genauso lang zurück. Dass Heinrich II. der Gründer war, dessen Figur den Brunnen auf dem Marktplatz krönt, ist allerdings Legende

... Es sind Orte,
an denen man als Kind mit seinen Eltern wochenends läuft ...

Der HOHENWARTE-STAUSEE ist Teil der fast 80 Kilometer langen und fünfmal hintereinander gestauten Saalekaskade – dem größten Stauseegebiet Deutschlands. Wegen seiner Länge (27 km) heißt er auch „Thüringer Meer“

Wenn man den Ort, an dem man geboren und grösser wurde, verlässt, wird man vielleicht einen angenehmen Platz zum Leben finden. Neue Bekannte, schöne Bäume, hübsche Straßen – alles kann man finden. Vielleicht ist es besser als das, was man aufgab. Aber meist ist es nur anders, und das Recht auf HEIMAT hat man damit verwirkt. Ich hätte nie geglaubt, dass ich an den dermaßen von mir selbst missverstandenen Begriff HEIMAT jemals auch nur denken würde.

Lange glaubte ich, überall leben zu können, frei von sentimentalen Gerüchen, doch dann begriff ich die eigene Beschränkung: Sicher kann ich irgendwo sein – in Asien, Afrika. Staunen kann man überall und sich bewegen und leben, doch nach einiger Zeit in Überall beginne ich mich zu sehnen. Nach Menschen, die mir ähnlich sehen, nach Systemen und Werten, die mir vertraut sind. Europa bedeutet für mich, mich in Sicherheit zu wähnen.

So fing es an – das Erkennen, dass ich nicht der Typ für wildes Auswandern bin und dass ich in meiner begrenzten Zeit nicht mehr viele Neuanfänge in fremden Ländern machen werde. Schade, denke ich manchmal, wenn die Monate wie aneinandergereihte graue Pfützen vergehen. Schade, dass ich nicht 300 Jahre alt werde und viele Leben an vielen Orten probieren kann.

Die Altstadt von SCHMALKALDEN ist eine architektonische Kostbarkeit. Besonders schön das Fachwerk an der Salzbrücke

Und ich begreife, dass ich nie das Gefühl kennen lernen werde, eine Heimat zu haben. Das klingt theatralisch, ist auch so und trotzdem nicht schlimm – ich stelle es nur fest. Ab und an fragten mich Menschen, warum ich nicht in Deutschland wohne. Da käme ich doch her und so weiter. Und ich überlegte und suchte nach Gründen, denn eigentlich ist es ja überall ein bisschen Deutschland – also, warum wohne ich denn nicht dort? Bis mir einfiel: Meine Heimat war eine Lüge. Ich bin aus dem Osten. Aus einem Osten, den es nicht mehr gibt, denn es war das Land, in dem es keine Nazis gab, keinen Hitler, keine religiösen Fanatiker. In dem alle gleich waren und kommunistische Ideen hatten. **Der Westteil Deutschlands war mir so fremd wie Belgien oder der Kongo, und er ist es immer ein wenig geblieben.** Der Westen ist jetzt überall und die schöne Utopie Osten existiert nicht mehr. Ist verschwunden. Auch, als es den Osten noch gab – als ich in ein Alter kam, da ich zu denken begann und zu sehen, dass nichts von all den wunderbaren Versprechungen eingelöst wurde, die wir uns gegeben hatten. Meine Heimat verlor ihre Heiligkeit.

Meine Heimat war Thüringen.

Das gibt es noch. Gleich hinter Weimar begann das Land und es war das Beste an meinem Geburtsort, der zu meiner Zeit eine enge, eitle Kleinstadt war. Das, was Thüringen landschaftlich auszeichnet – das freundliche Mittelgebirge –, fand in Weimar nur als Ettersberg statt. Besser bekannt als der kleine Hausberg und als Heimat des KZ Buchenwald. Der Rest war (und ist vermutlich immer noch) Ebene von beeindruckender Belanglosigkeit. Ganz hübsch war Weimar, mit Fachwerk und Marktplatz, mit Goethes Park und der Ilm, mit Schloss Tiefurt und Belvedere – das waren die Orte, an die man als Kind mit seinen Eltern wochenends lief.

Der Rest war Goethe- und Schillerstolz, waren Professoren und Einwohner, die wie in vielen Kleinstädten eine große Abneigung gegen alles Fremde hatten, und war jene unerträgliche Langweile für Jugendliche – mit Mülltonnen, die im Winter immer brannten wegen der heißen Asche und mit Häusern, die in sich zusammenfielen. Mit Touristenbussen mit Westleuten darin, die weg durften, nachdem sie durch die Gassen gestrolcht waren.

„Weg" ging in der DDR nur begrenzt. Darum freute ich mich über das Land, das hinter der Stadt und der Ebene begann. Dieses Land, in dem es in meiner Erinnerung immer Frühherbst war und ein wenig diesig am Morgen. Mit langen, leeren Landstraßen mit Apfelbäumen am Rand – jene Äpfel, die es nicht mehr gibt. Sie sind vermutlich auch von daheim weggegangen und nie wiedergekommen. Damals konnte man auf diesen Landstraßen wunderbar wandern, weil es keine Autos gab oder nur alle halbe Stunde mal eines; das wird sich unterdes geändert haben.

Ich erinnere mich an vieles nicht mehr. Nur an das Gefühl auf der letzten Wanderung, die ich unternahm. Auf die Hoffnung, dass unterwegs ein Wunder passieren würde und ich nicht zurück nach Hause müsste. Es war Sonntag und natürlich

Gigantischer Klotz: Vom 81 Meter hohen KYFFHÄUSERDENKMAL mit Kaiser Barbarossa und Wilhelm I. blickt man weit hinab ins Land

Frühherbst, vielleicht aber auch Sommer und meine Mutter lebte noch. Wir liefen nach Buchfart, die alten Höhlen ansehen im Sandstein – da hätten Steinzeitleute gewohnt, hieß es immer. Es war warm und roch nach Nadelbäumen und Wiese.

Ich war kurz vor dem Erwachsenwerden, das vermute ich heute, denn die Höhlen hatten keinen Reiz mehr für mich. Als Kind hatte es mich sehr interessiert, dass da behaarte Nackte gewohnt haben sollten. Jetzt waren nur noch Löcher im Fels. Nach Landstraße und Nebel und Weimar kam man nach Bad Berka, einem alten schönen Kurort, nach Kranichfeld und Tannroda, vielleicht auch Ilmenau – ich bringe die Namen und die dazugehörigen Bilder durcheinander. Es ist nicht wahr, dass man als junger Mensch unempfänglich für die Schönheit der Natur ist. Vielleicht staunt man sogar mehr, als man es später vermag. Ich erinnere mich an alte Holzbrücken, Bäche und an die Sehnsucht, die diese Bilder machten und mit der ich nichts anzufangen wusste. Vielleicht war es die Suche nach Einheit und Perfektion. Fast war es zuviel an Gefühlen, die ich nicht einzuordnen wusste, an Täler und Wald, kleine Fachwerkbauten und Ruhe. Ich wollte Teil davon werden, mich auflösen oder die Erregung mit mir nehmen, die diese Schönheit herstellte.

Viele kleine Häuser mit Holzveranden habe ich in Erinnerung, die immer wirkten, als ob Rauch aus ihren Schornsteinen käme. Und ich überlegte mir, wie ich dort leben könnte als erwachsener Mensch, aber es fiel mir nichts dazu ein. Das war Erwachsenengeheimnis.

Die Menschen in Thüringen, ich weiß nicht mehr, wie sie waren. Vermutlich einfach alt. So alt, wie jeder über 20 eben für einen jungen Menschen ist. Sie hatten einen merkwürdigen Dialekt – Thüringisch hat nichts mit Sächsisch zu tun, es ist weicher, runder, bäurischer, karger und klingt nach Holzschnitzen und Raureif.

Auf diesem Spaziergang habe ich nicht viel mit meiner Mutter geredet. Ich weiß gar nicht, ob man mit seinen Eltern redet, ob man überhaupt reden muss, oder ob diese Idee erst später entsteht – mit Worten eine Nähe zu schaffen, die es nicht gibt.

Zu einem Ausflug gehörte natürlich das Essengehen. Eine gewisse Aufregung in der DDR, denn essen zu gehen war Luxus. Die landestypischen Gerichte versuchten, ein Gegengewicht zur Leichtigkeit der Landschaft herzustellen. Der Thüringer isst Klöße aus rohen geriebenen Kartoffeln, einer hat sicher acht Millionen Kalorien, und als wäre das nicht genug, fügt man dem armen Kloß Fleisch in brauner Soße zu. Wenn nicht Klöße, isst der Eingeborene Rostbratwürste – für mäklige Teenager kein Schlemmerparadies. Schöne Gaststätten gab es nicht, solche mit Gärten oder Terrassen – das war vermutlich zu viel Arbeit für den gleichen Lohn. Lokale waren drinnen und es gab immer zwei Gerichte zur Auswahl.

Nach dem Essen liefen wir weiter durch Täler, die es so grün nirgendwo mehr gibt, mit Bächen, die noch Geräusche machten, die man hörte, mit Sonne, die durch Bäume brach, und mit einer andauernden Sehnsucht. Die Welt hatte Risse, aber sie war noch soweit in Ordnung, wie sie es eben für ein Fast-noch-Kind ist. Man weiß zu wenig und stellt nichts in Frage. Später weiß man auch nicht viel mehr, aber das Paradies ist geschlossen, wegen Erkennens. In den schönen alten Häusern wohnten vermutlich auch damals schon Leute, die auch nicht wussten, wie es geht. Einige waren sicher bei der Stasi, andere schlugen ihre Kinder.

Aber das war damals egal, in einer Zeit, da ich noch eine Heimat hatte, ohne es zu wissen. Der Ort, an dem man geboren wurde, ist wie eine Familie. Man kann sie sich nicht aussuchen, man kann sich nur abwenden irgendwann, man kann Liebesgeschichten beginnen mit anderen Orten, kann ewig suchen nach dem Gefühl, das man irgendwann vor hundert Jahren hatte. Aber man wird es nie mehr finden. Vielleicht taugt Heimat nur in der Kindheit.

Als ich viel später einmal zurückkam nach Thüringen, war es immer noch eine schöne Gegend. Aber das Geheimnis und die Sehnsucht, die sie ausgelöst hatte lange Zeit zuvor, waren weg. Für immer. □

Sibylle Berg, *geboren 1962 in Weimar, lebt heute in Zürich. Ihre schonungslosen Texte bewegen sich zwischen beißender Ironie und tödlicher Ernsthaftigkeit. Ihr neuestes Buch „Ende gut" erscheint Ende 2005 bei* Rowohlt Tb.

Arthur F. Selbach, *Fotograf, war zum ersten Mal in Thüringen. Und sicher nicht das letzte Mal.*

PALCOSCENICO SICILIA
EREIGNISSE IN SIZILIEN

TRAPANI
LOUIS VUITTON
ACTS 8 & 9

29. SEPTEMBER-9. OKTOBER

WENN MEER UND SPORT SICH MIT MILDEM KLIMA UND AUSSERGEWÖHNLICHER SÜSSE DES LEBENS PAAREN, DANN BESTEHT KEIN ZWEIFEL: SIE BEFINDEN SICH IN SIZILIEN.

DIESES JAHR WIRD DEM ***REISENDEN*** EINE KOSTBARE GELEGENHEIT MEHR GEBOTEN, DAS SIZILIANISCHE MEER SO INTENSIV WIE NIE ZUVOR ZU ERLEBEN.

VOM 29. SEPTEMBER BIS 9. OKTOBER WIRD TRAPANI DEN LIEBHABERN VON MEER UND SEGELSPORT DEN ATEM STOCKEN LASSEN. DANN FINDEN NÄMLICH DIE ***ACTS 8 UND 9, DIE VORRENNEN DES LOUIS VUITTON AMERICA'S CUP STATT.***

REGATTEN MIT GROSSEM INTERNATIONALEM PRESTIGE, REGELRECHTE ETAPPEN AUF DEM WEG ZUM AMERICA'S CUP. EIN BEDEUTENDES SPORTEREIGNIS UND EINE UNGLAUBLICHE GELEGENHEIT, UM ETABLIERTE CHAMPIONS AUS DER WELT DES SEGELSPORTS AM WERKE ZU SEHEN.

DIE ACTS 8 UND 9 IN TRAPANI KÜNDIGEN SICH ALS SPEKTAKULÄRE UND AUFREGENDE EVENTS AN. FÜR DIE REGATTEN IST DAS DOPPELFORMAT MATCHRACE UND FLOTTENREGATTA VORGESEHEN, UND ALLE 12 TEAMS, DIE 2007 IN VALENCIA UM DEN AMERICA'S CUP RINGEN WOLLEN, WERDEN HIER AUF DEM WASSER ZU SEHEN SEIN.

EINE AUSGEZEICHNETE GELEGENHEIT, DIE ZWEIFELSOHNE DIE LEIDENSCHAFT AUCH IN SEGELLAIEN ENTZÜNDEN WIRD. EIN GRUND MEHR, UM DEN PHANTASTISCHEN UNBERÜHRTEN ***ARCHIPEL DER ÄGADISCHEN*** INSELN, OHNE ZWEIFEL EINE DER SCHÖNSTEN INSELGRUPPEN ITALIENS, ZU BESUCHEN.

ACT 8 UND 9 WERDEN DEN ABSCHLUSS DER DIESJÄHRIGEN WETTKAMPFSAISON DES 32. AMERICA'S CUP BILDEN. AM ENDE VON LOUIS VUITTON AMERICA'S CUP ACT 9 IN TRAPANI WIRD DAHER DER SIEGER DER WELTMEISTERSCHAFTEN DER KLASSE IACC 2005 HERVORGEHEN, D.H. DIE YACHT, DIE BEI DEN REGATTEN VON VALENCIA, MALMÖ-SKÅNE UND TRAPANI INSGESAMT DIE BESTEN PLATZIERUNGEN ERZIELT HABEN WIRD.

LASSEN SIE SICH ALSO VON DIESER VÖLLIG NEUEN ART UND WEISE, DAS MEER ZU ERLEBEN, UND VON DER SUGGESTIVEN, DURCH DIE SIZILIANISCHE KÜSTE GEBOTENEN NATURBÜHNE VERFÜHREN.

"Prima citae Teucri ponam certamina classis" *(Virgilio, Eneide - Buch V)*

www.regione.sicilia.it/turismo

Europäische Union

POR

Region Sizilien
Assessorat für Fremdenverkehr
Kommunikation und Transport

Hinter den Fassaden einer Kleinstadt tat sich Großes und Grauenhaftes. Eine neue Ära der Gestaltung zieht ihre Spur von der Klassik zur Moderne – bis nach Buchenwald

Weimarer

Foto: Michael Trippel

Innenansichten

Goethes Wohnhaus

Im Juni 1792 zog der Dichter mit Lebensgefährtin Christiane und Sohn August in das Haus am Frauenplan. Herzog Carl August schenkte dem Freund das Anwesen zwei Jahre später. Und dann legte Goethe los: ließ ein geräumiges Treppenhaus und ein Brückenzimmer zwischen Vorder- und Hinterhaus einbauen, die Farben suchte der Geheime Rat nach eigener Lehre aus: Seine Studien zur „sinnlich-sittlichen Wirkung" der Farben kann man heute noch an jeder Wand nachprüfen. 1885 vermachte der letzte Goethe-Enkel das Haus der Stadt. Heute beeindruckt es Verehrer aus aller Welt und birgt außer Wohnkultur die umfangreichen Sammlungen Goethes zu Kunst und Natur (über 50 000 Exponate).

Frauenplan 1
Anmeldung und Information
Tel. (036 43) 54 54 01/2/3
April bis Sept. Di-So 9 bis 19 Uhr,
Winter: bis 16 Uhr,
Führungen in Deutsch, Englisch, Französisch oder Russisch, auf Wunsch auch in Arabisch.

Simpel und schön
Räume des Rückzugs

1776 bezog Goethe sein Gartenhaus, Herzog Carl August übernahm die Kosten, Johann Wolfgang war Hausbesitzer. Und erhielt dadurch das Bürgerrecht der Stadt – Voraussetzung einer steilen Karriere. Seinen Wohnsitz bis 1782 und späteres Refugium ließ er reparieren und „ganz simpel, aber in schönen Formen“ gestalten. Fertig wurde das Haus erst um 1820, in diesem Zustand ist es erhalten.

Im Park an der Ilm
Anmeldung und Information:
Tel. (036 43) 54 54 01/2/3
Sommer Mo bis So 10 bis 18 Uhr, Winter bis 16 Uhr

Foto: Toma Babovic

Jeder Dichter, Künstler, Gelehrte des klassischen Weimar saß an ihrer Tafel im Wittumspalais: 1775 als „Witwen-Sitz" für die Herzoginmutter Anna Amalia erworben, lebte sie hier über 30 Jahre. Sie ließ es im Stil der Zeit und nach eigenem Geschmack einrichten, versammelte Gäste zu Gespräch und künstlerischer Tätigkeit. Porträts, Büsten und Silhouetten erinnern heute an Bewohner und Gäste, die Räume selbst an Anna Amalia. Sie starb 1807.

Theaterplatz
Anmeldung und Information
Tel. (036 43) 54 54 01/2/3
Sommer Di-So 10-18 Uhr,
Winter bis 16 Uhr

Kirms-Krakow-Haus

Es gab ja in Weimar außer Geistesgrößen noch ganz normale Bürger. Die Familie Kirms zum Beispiel, deren Haus die Brüder Karl und Franz, hohe Beamte am Hof, in den 80er Jahren des 18. Jhs zu einem repräsentativen Wohnhaus umbauen ließen. Klare Linien, eine Vorratskammer und das Muss-Möbel des 19. Jhs, das Klavier: ein Anwesen zum Vorzeigen.

Jakobstraße 10
Anmeldung und Information
Tel. (036 43) 54 54 01/2/3
Sommer Di-So 10 bis
18 Uhr, Winter geschlossen

Foto: Martin Schutt

Kühl und klassisch
Räume des Wissens

Das Rote Schloss von 1576, das Gelbe Schloss und die Alte Wache umrahmen das Herzstück der neuen Anna-Amalia-Bibliothek. Im modernen Bücherkubus sind etwa eine Million Bücher, vor allem aus der Zeit von 1750 bis 1850, sicher vor Flammen und Wasser.

Platz der Demokratie 4
Tel. (036 43) 54 52 05
Mo-Fr 9-21, Sa 9-16 Uhr
www.weimar-klassik.de/de/haab

Auch das wurde in Weimar gebaut: An einem waldigen Abhang des Etterbergs, acht Kilometer nördlich der Stadt, entstand 1937 eines der größten Konzentrationslager der Nazis: Buchenwald. Etwa 60 000 Menschen fielen Arbeit, Mord oder Todesmärschen zum Opfer. Namenlose, leere Urnen erinnern an sie.

Gedenkstätte Buchenwald,
Infos und Anmeldungen:
Tel. (036 43) 43 02 00
Mai-Sept. 9.45-18
Okt. bis April 8.45-17 Uhr
montags geschlossen

Todkrank kam Nietzsche nach Weimar, seine Schwester Elisabeth mietete das Haus ab Juli 1897. Sie pflegte den Besitz des Philosophen und ihn selbst und ärgerte die Hausbesitzerin solange mit Umbauten, bis diese 1902 verkaufte. Bruder Friedrich war da schon zwei Jahre tot. Dann gewann Elisabeth den Architekten Henry van de Velde, der machte das Haus zum Bauhaus-Umbau, dem einzigen seiner Art. Bücher und Nietzsche-Archiv lagern heute in der Anna-Amalia-Bibliothek.

Humboldtstraße 36
Anmeldung und Information
Tel. (036 43) 54 54 01/2/3
Di-So 13-18 Uhr
Winter geschlossen

Bedrückend und heiter
Räume des Erinnerns

Architektur, Bauingenieurwesen, Gestaltung, Medien – Arbeitsgebiete der Bauhaus-Universität, mit der sie die Tradition van de Veldes fortsetzt, der von 1902 bis 1915 in Weimar arbeitete. Das Gründungshaus ist heute Hauptgebäude der Uni und birgt eine der schönsten Treppen van de Veldes. □

Geschwister-Scholl-Straße 7/8

Wir haben Urlaub im ZeitlupenLand gemacht.
Warum nicht mal Länder besuchen, die man noch nie gesehen hat? Länder, in denen die Zeit schleicht, Länder, in denen die Zeit rast. Länder, in denen nichts ist, wie man es gewohnt ist – und all das ohne Visum. Im MobiVersum der Autostadt in Wolfsburg wird jeder zum Entdecker. Und auf dem Touareg Gelände-Parcours vielleicht auch noch zum Helden. Welche Urlaubswünsche wir außerdem erfüllen können, erfahren Sie unter 0800 288 678 238 oder www.autostadt.de.
Menschen, Autos und was sie bewegt
AUTOSTADT
GRABARZ & PARTNER

Ein Gutshaus

Mit Wieland beginnt Weimars große Zeit. Er macht das Provinzstädtchen zur literarischen Metropole Deutschlands. Auf seinem Oßmannstedter Gut verbringt der Dichter die wichtigste Zeit seines Lebens: ein Refugium von europäischem Rang JAN PHILIPP REEMTSMA

Der Gutskauf, wovon ich Ihnen zeither geschrieben habe, ist nun zu Stande gekommen", schreibt Christoph Martin Wieland 1797 an seinen Verleger Georg Joachim Göschen, und später: „Im ganzen Lande habe ich kein Gut finden können, das in allen Stücken wesentlich so ganz für mich getaugt hätte wie Oßmannstädt." Oßmannstedt liegt wenige Kilometer von Weimar entfernt. Seit 956 ist ein Rittergut im Ort nachweisbar. Im 15. Jahrhundert gab es ein Wasserschloss, das aber 1744 niederbrannte. 1756 erwarb der Weimarer Minister und Historiker Reichsgraf Heinrich von Bünau das Gut und ließ dort ein Gutshaus errichten. Nach dessen Tod diente das Gut Oßmannstedt Anna Amalia, der Witwe des Herzogs von Weimar und ihren Söhnen Erbprinz Carl August und Prinz Constantin zeitweilig als Sommeraufenthalt. Das Gut hat dann unterschiedliche Pächter, bis es am 25. April 1797 in Wielands Besitz übergeht.

Mit Christoph Martin Wieland beginnt die Geschichte Weimars als Literaturstadt. 1772 hatte Anna Amalia Wieland als Erzieher ihres Sohnes Carl August nach Weimar geholt: Er sollte dessen letzte Jahre bis zum Antritt der Regentschaft pädagogisch begleiten. Wieland war zu dieser Zeit der berühmteste und populärste Publizist Deutschlands. 1733 in Oberholzheim bei Biberach geboren, hatte er sich bereits in sehr jungen Jahren schriftstellerisch betätigt, hatte dann sein Jurastudium aufgegeben, um sich nach Zürich unter die Obhut von Johann Jakob Bodmer, einem prominenten Schriftsteller und Literaturkritiker, zu begeben. Von dort führte ihn sein Weg nach Bern und zurück nach Biberach, wo er eine Beamtenstelle antrat. In dieser Zeit schrieb er die Werke, die seinen Ruhm begründeten: die Romane „Die Geschichte des Agathon", „Die Abenteuer des Don Sylvio von Rosalva", die unter dem Titel „Komische Erzählungen" gesammelten erotischen Verserzählungen, das epische Gedicht „Idris und Zenide", das philosophisch-erotische Gedicht „Musarion oder die Philosophie der Grazien". Und er übersetzt als erster die meisten Stücke William Shakespeares. Seine Inszenierung des „Sturm" in Biberach ist die erste in Deutschland. Von Biberach geht Wieland als Professor für Philosophie nach Erfurt und von dort nach Weimar. Dort wird im Jahre 1773 die erste durchkomponierte deutschsprachige Oper „Alceste" aufgeführt – Wieland hat das ästhetische Konzept entwickelt und das Libretto geschrieben; die Musik stammt von Anton Schweitzer. In Weimar gründet er den „Teutschen Merkur", der zu der wichtigsten literarisch-politischen Zeitschrift Deutschlands im 18. Jahrhundert wird.

Als Goethe nach Weimar kommt, kommt er also an einen Ort, der bereits durch Wieland zu einem für die literarische Öffentlichkeit in Deutschland zentralen Ort geworden ist. Gemeinsam holen sie Herder nach Weimar – ein Akt kulturpolitischer Personalpolitik. Es bedarf dann nur noch weniger Jahre, dass Weimar zu einem europaweit bekannten Ort wird.

Jan Philipp Reemtsma

ist Literaturwissenschaftler, Essayist, Publizist und Vorstand des Instituts für Sozialforschung in Hamburg. Den zurückgezogen lebenden Erben des Zigaretten-Unternehmens – das er nach Erreichen der Volljährigkeit verkaufte – kennt die breite Öffentlichkeit vor allem seit dessen Entführung 1996: Diese Erfahrungen verarbeitet Reemtsma in seinem Buch „Im Keller".
Noch weniger bekannt als die politischen und literarischen Arbeiten sind seine Taten als Mäzen: Reemtsma unterstützte den Schriftsteller Arno Schmidt, ist Herausgeber seiner Werke wie auch der von Christoph Martin Wieland. Aber nicht nur das: Gemeinsam mit dem Freundeskreis des Goethe-Nationalmuseums hat er entscheidend zur Restaurierung des Gutes Oßmannstedt beigetragen – Wielands geliebtem Wohnsitz von 1797 bis 1803. Seit Sommer 2005 ist Oßmannstedt nun wieder zu besichtigen und gehört wie viele andere große Kulturstätten zur Klassik Stiftung Weimar.

für die Aufklärung

In Weimar entsteht der Hauptteil von Wielands Werken, unter anderem die „Geschichte der Abderiten", eine satirische Analyse der politischen Sitten und Unsitten in Demokratien (vorangegangen waren die Romane „Der goldne Spiegel" und „Die Geschichte des weisen Danischmend", wo es um die prekäre Rolle geht, die Intellektuelle als Berater von Fürsten spielen), Verserzählungen, darunter der „Oberon", der die Vorlage für die Oper Carl Maria von Webers wird. Der Publizist Wieland erkennt die Bedeutung der Französischen Revolution und informiert seine Leser über Jahre hinweg über die Entwicklungen in Frankreich. Dabei sagt er früh die Rolle Napoleons voraus, als dieser 1808 in Weimar ist, bittet er Wieland zu einem Gespräch.

Wieland war, zusammen mit Lessing, der wichtigste Modernisierer der deutschen Literatur des 18. Jahrhunderts, die zuvor nur von lokaler Bedeutsamkeit gewesen war, nach 1750 aber in kurzer Zeit ein Niveau erhält, das weit übr Deutschland hinaus wirkt. Was Lessing für das Theater und den literaturkritischen und kunsttheoretischen Essay war, war Wieland für eine Fülle von Gattungen: Roman, epische Poesie, literaturkritische, philosophische und politische Publizistik, Libretto, Märchen, Übersetzungen aus dem Englischen, Lateinischen und Griechischen, Aneignung antiker Kulturtraditionen.

1797 zieht Wieland nach Oßmannstedt. Durch ihn wird Oßmannstedt selbst zu einem Ort von europaweiter Bedeutung. Besucher kommen aus allen Teilen Deutschlands und aus vielen anderen Ländern. Längere Zeit hält sich Heinrich von Kleist bei Wieland auf und wird von ihm ermuntert, in seinen literarischen Arbeiten fortzufahren. „Ich habe", schrieb er an seine Schwester, „das Haus mit Tränen verlassen, wo ich mehr Liebe gefunden habe, als die ganze Welt zusammen aufbringen kann."

Ein literarischer Pensionär war Wieland in Oßmannstedt aber keineswegs. Mit den „Gesprächen unter vier Augen" schließt er seine politischen Arbeiten ab, in den historischen Romanen „Agathodämon" und „Aristipp und einige seiner Zeitgenossen" untersucht er die historischen Wurzeln unserer Kultur. Außerdem übersetzt er eine Reihe von Werken der griechischen Antike. Mit allen diesen Arbeiten zieht Wieland die Summe dessen, was für ihn Aufklärung bedeutet. Er tut dies zu einer Zeit, in der diese Ideale für überholt und altmodisch gehalten werden, wo man wieder religiös wird und sich nicht als Weltbürger, sondern national definiert.

Wieland gerät denn auch zunehmend ins Visier der jungen Schriftstellergeneration, die unter der Flagge „Romantik" segelt. Aufklärung ist für Wieland vor allem eins: die Überzeugung, dass es keinen privilegierten Zugang zur Wahrheit gibt. Monopole auf Weltdeutung müssen verhindert und wo sie behauptet, angegriffen werden – ob es sich um religiöse, philosophische oder politische Deutungsmacht handelt. Alle Fragen müssen stets öffentlicher Debatte zugänglich sein. Aufklärung bedeutete für Wieland auch eine Verbindung von Ethik und Ästhetik, Poesie und Philosophie. Die Grazien, die griechisch-römischen Göttinnen der Anmut waren ihm die Schutzheiligen dieses Bündnisses. Die Moral zum Beispiel wäre ohne Grazie bloß ehrwürdig – und nicht anziehend. Also nutzlos. „Nur unter den Händen der Grazien verliert die Weisheit und die Tugend der Sterblichen das Übertriebene und Aufgedunsene, das Herbe, Steife und Eckige, welches eben so viele Fehler sind. Wodurch sie, nach dem moralischen Schönheitsmaß der Weisen, aufhört Weisheit und Tugend zu sein."

1801 stirbt Wielands Frau Anna Dorothea und wird im Garten nahe der Ilm begraben, wo im Jahr zuvor Sophie Brentano bereits beerdigt worden war. 1803 verkauft Wieland das Gut Oßmannstedt und zieht zurück nach Weimar. Er stirbt 1813 und wird gleichfalls im Oßmannstedter Garten begraben. Den Grabspruch hatte Wieland bereits entworfen: „Liebe und Freundschaft umschlang die verwandten Seelen im Leben / und ihr Sterbliches deckt dieser gemeinsame Stein." – „Ich habe", schrieb der Schriftsteller Arno Schmidt 1956, „manche Stunde dort gesessen – es ist schon eines unserer Nationalheiligtümer, nach dem jeder einmal im Leben wallfahrten sollte." □

Mit Hilfe privater und öffentlicher Mittel wurde die Grabstelle saniert, das Gut zu einem Wieland-Museum ausgebaut und ein Wieland-Kolleg in Angriff genommen.
(F 4) **Wielandmuseum** Oßmannstedt, Tel. (036 43) 54 54 01
www.swkk.de, Öffnungszeiten: sommers Di-So 10-18
winters Sa, So 10-16 Uhr, Eintritt 2 €

Wie herrlich leuchtet mir die Natur!

[J. W. Goethe]

Thüringens Parks und Gärten sind ein harmonisches Zusammenspiel von Kunst und Natur. In dieser reichsten Gartenlandschaft Deutschlands war Goethes Elysium

Fotos: Wilfried Bauer

1781-1806 war Schloss Tiefurt nordöstlich von Weimar der Sommersitz der Herzogin Anna Amalia. In seinem 21 Hektar großen Park und Musentempel an der Ilmschleife trafen sich Weimars große Geister – um „Erhabenes, Gutes und Schönes“ zu genießen

Wollte, Gott hätte mich zum Gärtner oder Laboranten gemacht, ich wäre glücklich [J. W. Goethe]

Nördlich von Rudolstadt liegt **Schloss Kochberg,** einst Landsitz der Familie von Stein. Charlottes und Goethes Lustwandelei haben Schloss und Park nachhaltig Bedeutung verliehen – einer der Höhepunkte ist der kleine **Blumengarten** mit dem „Leinwandhäuschen"

Einst Goethes Privatspaß, ist der 48 Hektar große **Park an der Ilm** in **Weimar** über Jahrzehnte und ohne Plan gewachsen. Mit der letzten Erweiterung von 1791 bis 97 entstand das **Römische Haus**

Das **Römische Haus** war Sommerwohnung des Herzogs, die Säulen der Rückfront rahmen die antike Wanne

Carl von Stein, Charlottes Sohn, ließ ab 1797 den **Blumengarten** auf **Schloss Kochberg** anlegen – mit prächtigen Lilien

Südlich von Erfurt liegt Schloss Molsdorf. Vom prächtigen barocken Garten sind nur wenige Skulpturen geblieben, der heute acht Hektar große Park wurde schon im 19. Jahrhundert zu einem Landschaftsgarten umgestaltet

Schon zu Goethes Zeiten 1828 wurde in den Dornburg-Gärten Wein angepflanzt. Heute nur noch als Dekoration

Unterhalb des Dornburger Rokoko-Schlosses ein Parterre – Thüringens einziger französischer Garten

Man kauft nie ein Haus, sondern immer die Aussicht [englisches Sprichwort]

Das mittlere der drei **Dornburger Schlösser** ist Thüringens Lorelei: Etwa 90 Meter hoch über dem Saaletal schweben vier Hektar Gärten und verbinden Renaissance-, Rokoko- und Altes Schloss. Und wer lobte begeistert die Lage? Richtig: Goethe

MERIAN | Gewusst wo

Schlosspark Altenstein
(C 5) Bad Liebenstein
Anfahrt: A4, Ausfahrt Eisenach West/Ost, B19 bis Gumpelstadt, Abzweig Bad Liebenstein, in Schweina Rtg. Altenstein
Zugang: Hofmarschallamt

Dornburger Schlossgärten
(G 4) Dornburg
Anfahrt: B 88 bis Dorndorf-Steudnitz, Abzweig Dornburg
Zugang: Renaissanceschloss
Tgl. 7-20 (Sommer bis 21 Uhr)

Park an der Ilm
(F 4) Weimar
Anfahrt A4, B7, B85
Zugänge: Schloss, Liszthaus, Belvederer Allee

Schlosspark Kochberg
(F 5) Großkochberg
Anfahrt: B85 bis Teichel, Abzweig Rtg. Großkochberg
Zugang: Ortsmitte

Schlosspark Molsdorf
(E 5) Erfurt, Ortschaft Molsdorf Anfahrt: A4, Abfahrt Neudietendorf/ Arnstadt, weiter Rtg. Neudietendorf oder Thörey/Ichtershausen
Zugang: Parkplatz am südlichen Ortsrand

Schlosspark Tiefurt
(F 4) Weimar, Ortsteil Tiefurt
Anfahrt über A4, B7, B85
Zugang: Ortsmitte

Alle Gärten sind immer geöffnet (Ausnahme: Dornburg, siehe oben)

„Streben nach Natürlichkeit" war die künstlerische Maxime für den 160 Hektar großen Schlosspark Altenstein. Er gehörte zur Sommerresidenz des Herzogs von Sachsen-Meiningen und liegt etwa zwei Kilometer von Bad Liebenstein entfernt

Ein Garten, schöner noch als Schloss Altenstein selbst: Das aufwändig gepflegte Knotenbeet auf der mittleren Terrasse des Parks

Der Park ist idealisierte Natur, der Garten die ausgedehnte Wohnung

[Fürst Pückler-Muskau]

THÜRINGEN
THÜRINGENCARD
Sehen Sie grün für Ihren Urlaub.
THÜRINGEN
170 x
FREIER EINTRITT
Sehen Sie grün für Ihren Urlaub!
Sollte Ihre Informationsbroschüre zur ThüringenCard an dieser Stelle fehlen, bestellen Sie sie am besten gleich in unserem Tourismus Service Center Thüringen kostenfrei unter 0361-37420 | www.thueringencard.info
www.gudman.de

Die Bach-Saga

Text: Emanuel Eckardt, Fotos: Wilfried Bauer

Vom langen Aufstieg und Ende des Großclans thüringischer Genies

Mit Signatur und steinernem Blick, so steht er im Eisenacher Bachhaus: Johann Sebastian, der 24. Bach

Der erste war Bäcker und Asylant. Veit Bach, um 1555 geboren, habe „der lutherischen Religion halber aus Ungarn entweichen müssen", erzählt die Familienchronik. Im thüringischen Wechmar fand der Bäcker ein Zuhause. Und weil er stets eine Zupfgeige dabei hatte, wenn er zur Mühle ging, klang am Rande nahrhaften Mahlwerks das erste Zirpen einer Zukunftsmusik, das Präludium einer Großfamilie, die bald Thüringen und von dort aus mit Gottes Hilfe und dem musikalischen Genie ihres größten Sohnes den Rest der Welt erobern sollte.

Weit über hundert Jahre hat die Musikerfamilie Bach in Thüringen und drumherum den Arbeitsmarkt für Organisten und Stadtpfeifer, Hofmusiker und Chorleiter dominiert. Sie hat Generationen von Klangzauberern, Kirchenmusikern und Komponisten hervorgebracht, ein weit verzweigter und subtil verästelter Großclan, der sich im Raum Arnstadt, Erfurt und Ohrdruf, Eisenach und Gehren, aber auch in Meiningen, Themar und Schweinfurt Gehör verschaffte.

Allein in Arnstadt wurden 17 Bachs geboren, acht getraut und 25 begraben. In Eisenach stellte die Musikerfamilie über 132 Jahre lang den Organisten der Georgenkirche. Bach und Söhne – das hieß Fortpflanzung als Kunst der Fuge und landesweite Arbeitsbeschaffungsmaßnahme. Genial. So wurde das musikalische Thüringen Familienbesitz.

Veit Bach, der erste also, stirbt 1619, hinterlässt zwei Söhne und wird zum Gründer einer Dynastie, die vermutlich kaum noch überschaubar wäre, hätte nicht einer der Herren zur rechten Zeit die Buchführung übernommen. Vermutlich war es Johann Sebastian Bach (1685-1750) höchstselbst, der mit der ihm eigenen Sorgfalt unter dem Titel „Ursprung der musicalisch-Bachischen Familie" eine genealogische Übersicht anlegte, in welcher er die Bachs, soweit er sie überblicken konnte, registrierte und

Bernd Göbels junger Bach fläzt sich – fast cool – auf dem Arnstädter Markt. Der Junge war aufsässig, aber auch vom Schicksal gebeutelt

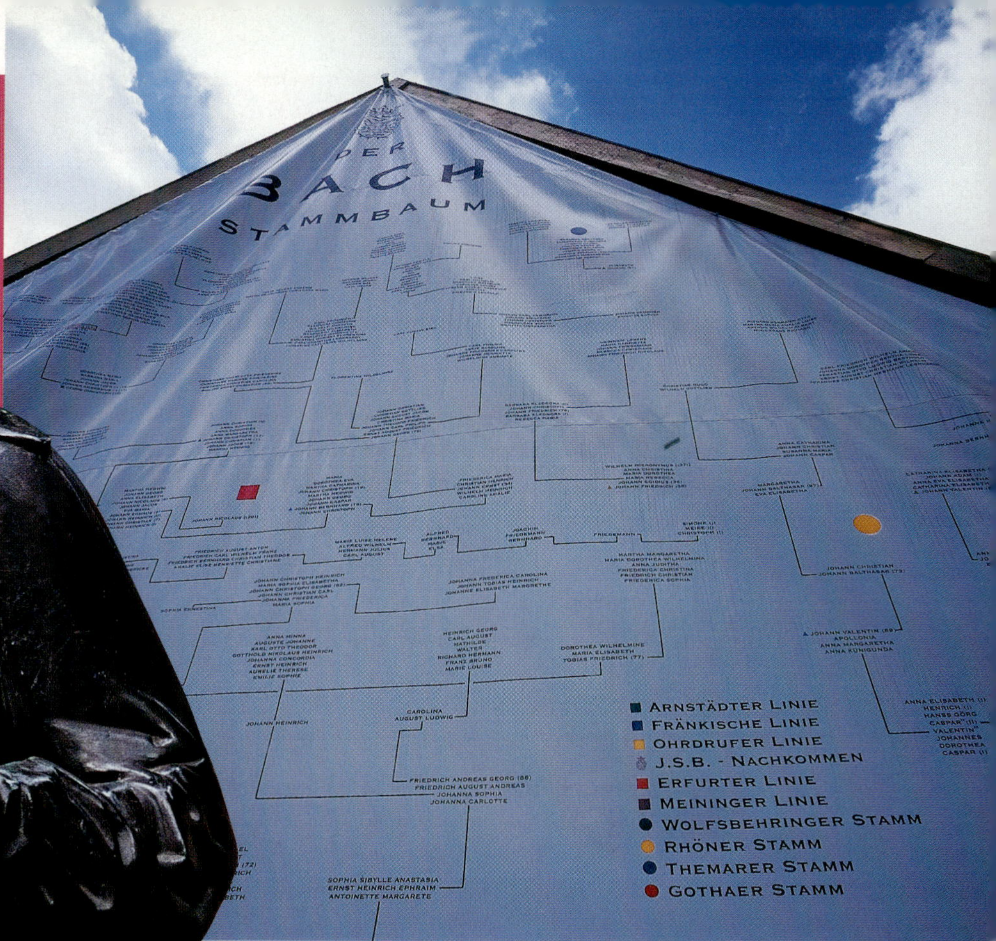

Linien einer Größtfamilie. Die Wand des Wechmarer Stammhauses fasst die kleingedruckten Namen kaum

nummerierte. Ahnvater Veit bekam die Nummer eins, Johann Sebastian die Nummer 24. Sein Sohn Carl Philipp Emanuel (1714-1788), der das Familienverzeichnis später fortführte, ist mit der Nummer 46 eingetragen.

Alle fingen als Chorknaben an, durften sich durch „Singen vor den Thüren eine Beyhülfe zum Studium verdienen". Sie sangen an Wochentagen vor der Predigt, bevor sie zur Schule gingen und im Chorus musicus bei Hochzeiten und Beerdigungen, Gott zu Ehren und den Zuhörern zur Erbauung. Der Dienst an der Musik umfasst ein weites Spektrum. In Eisenach hatte der Kantor zugleich die Quarta der Lateinschule zu unterrichten, im Neideckturm in Arnstadt blies ein Bach als Türmer und in den Gotteshäusern der Region jubilierten und musizierten die Bachs ohn' Unterlass.

Wenn sie dann im Privatleben aufeinander trafen, machten sie auch Musik. „Da die Gesellschaft aus lauter Cantoren, Organisten und Stadtmusikanten bestand, die sämmtlich mit der Kirche zu tun hatten, und es überhaupt damahls noch eine Gewohnheit war, alle Dinge mit Religion anzufangen, so wurde, wenn sie versammelt waren, zuerst ein Choral angestimmt", schreibt Bachs erster Biograph Johann Nicolaus Forkel.

Kaum ein Bach, der nicht den Namen Johann trug. Aus dem frühen Musikanten-Adel ragt Bach Nummer 13, Johann Christoph (1642-1703) heraus; ein Onkel von Johann Sebastian und laut Familienchronik ein „profunder Komponist". Als Hof- und Stadtorganist in Eisenach ringt er ein ganzes Musikerleben lang um die Qualität der Georgen-Orgel. Sein Tod bringt das familieninterne Personalkarussell in Schwung. „In den Ballungszentren der Bachs war es aus gutem Grunde Brauch, einen Bach im

In Wechmar, wo Urvater Veit Bach Brot buk und die Geige zupfte, beginnt die Saga der Genies

Falle des Ausscheidens durch einen anderen Bach zu ersetzen", resümiert Claus Oefner, ehemaliger Leiter des Bachhauses in Eisenach. Diesmal soll Bach Nummer 27, Sohn Johann Nicolaus, den Job bekommen. Der will aber nicht, weil er schon in Jena in Stellung ist, und schlägt Bach Nummer 28 vor, seinen Bruder Johann Christoph, der aus Lübeck zum Probespiel anreist.

Die Ratsherren urteilen nach Gehör und votieren abermals für Nummer 27. Weil der aber stur in Jena bleibt, bekommt Bach Nummer 18, der bis dahin in Magdeburg wirkende Johann Bernhard (1676-1749), den Posten. Allegro con molto. Das ganze Bachfindungsverfahren dauert zehn Wochen.

Inzwischen macht Bach Nummer 24, Johann Sebastian, erste Karriereschritte und geht als Hofmusikus nach Weimar. Musiker sind mobil. Kollege Händel aus Halle ist auch gerade unterwegs, er will in Hamburg eine Stelle als Geiger und Cembalist antreten.

Das Familienleben Johann Sebastian Bachs ist, wenn auch spärlich, dokumentiert. Am 21. März 1685 in Eisenach geboren (übrigens in der Fleischgasse, heute Lutherstraße, und nicht im 400 Jahre alten Bachhaus am Frauenplan, das heute sein Erbe pflegt), wächst er als jüngstes von sechs Geschwistern auf. Sein Vater ist Bach Nummer 11, der Stadtmusikus Johann Ambrosius. Er beherrscht viele Instrumente, die Unterrichtsräume der Stadtmusikanten sind natürlich eine gute Kinderstube für ein musikalisches Genie.

Doch das Glück endet jäh. Der Neunjährige erlebt den Tod der Mutter und des Vaters innerhalb eines Jahres. Gemeinsam mit Bruder Johann Jacob kommt er bei Bach Nummer 22 unter, dem älteren Bruder Johann Christoph, der Organist in Ohrdruf ist.

Seine Berufslaufbahn beginnt früh. Er wird Geiger in der Kapelle des Herzogs von Sachsen-Weimar und bekommt mit 18 die Organistenstelle an der Bonifatiuskirche in Arnstadt. Doch der junge Mann fällt unangenehm auf wegen seiner Neigung zu freier Improvisation. Außerdem besucht er während des Gottesdienstes einen Weinkeller, nennt den Gymnasiasten Johann Heinrich Geyersbach einen „Zippelorganisten" und lässt eine „frembde Jungfrau" auf der Empore zur Orgel singen. Empörend! Er verlässt die Kirche im Streit. Heute trägt sie seinen Namen.

Am 17. Oktober 1707 heiratet der 22jährige seine Cousine Maria Barbara Bach in der Kirche St. Bartholomäi im Dörfchen Dornheim. Die Stelle in Arnstadt hat er Bach Nummer 34, seinem Cousin Johann Ernst, überlassen. Er selbst geht zunächst nach Mühlhausen und dann als Kammermusiker und Hoforganist nach Weimar. 1717 verlässt er Thüringen, um Hofkapellmeister im anhaltinischen Köthen zu werden.

Das Bach-Business boomt. Das Familienunternehmen sprengt bald den provinziellen Rahmen und überwindet die Landesgrenzen. Bach & Co wird, musikalisch, eine europäische

Hier saß der große Bach am Spinett, nur von einer Kerze temperiert: Bachhaus in Eisenach

Und hier mag er in der Schöpfung seines Herrn Kraft gefunden haben: der Garten des Bachhauses

)ie Kirche in Arnstadt, die
ıeute seinen Namen trägt,
nusste der Organist Johann
ebastian Bach verlassen:
vegen schlechten Betragens

Verdoppelt euch demnach, ihr heißen Andachtsflammen
Und Schlagt in Demut brünstiglich zusammen!
Steigt fröhlich himmelan
Und danket Gott vor dies was er getan.
Johann Sebastian Bach

Macht. Für Nachwuchs ist gesorgt. Dass für frei werdende Stellen immer wieder ein Bach zur Verfügung steht, lässt sich durch den Kinderreichtum der Familie erklären. Johann Sebastian Bach ist 20facher Vater. Maria Barbara bringt bis zur ihrem Tod 1723 sieben Bachs zur Welt, seine zweite Frau Anna Magdalena Wilke 13. Doch die Kindersterblichkeit ist hoch, das Familienleben der Bachs eine fortwährende Tragödie.

Nach der Geburt eines geistig zurückgebliebenen Sohnes sterben in der Familie Bach nacheinander sieben Kinder. Vielleicht sind diese elementaren, leidvollen Erfahrungen eine der Erklärungen für das Geheimnis der Bachschen Kompositionen, die Ernst Bloch einmal die „gelehrteste und zugleich am tiefsten durchseelte Musik“ nannte. Der Tod ist Bachs Lebensgefährte. Als er 1723 mit 38 Jahren nach Leipzig kommt, sind seine fünf Brüder allesamt nicht mehr am Leben.

Johann Sebastian Bach wird vergleichsweise alt. Er stirbt 1750 im Alter von 65 Jahren. Sechs seiner Söhne werden Musiker. Ein Jahr zuvor hat sich auch in Eisenach der Generationswechsel in gewohnter Weise vollzogen. Auf Bach Nummer 18 folgt Bach Nummer 34, Johann Ernst (1722-1777). Nach ihm bekommt Johann Georg Bach (1751-1797) die Stelle, sein ältester Sohn, der in der Familienchronik nicht mehr mitgezählt wird. „Hat Söhne, aber vermutlich nicht musikalische“, notiert Philipp Emanuel über den Nachwuchs seines Vetters. Seine Aufzeichnungen enden bei Nummer 50, Johann Christian (1735-1782), dem jüngsten seiner musizierenden Brüder und Lehrer des Knaben Wolfgang Amadeus Mozart.

Der musikalische Höhepunkt ist überschritten, doch der soziale Aufstieg nicht zu übersehen. Aus den Stadtpfeifern von einst, die mit Bierfiedlern um die Wette spielten, sind Hofmusikanten mit Universitätsstudium geworden. Carl Philipp Emanuel Bach nennt sich königlich preußischer Klaviercembalist und Concert Meister in Berlin, Nummer 50, Johann Christian, erreicht als Katholik und Kammerkomponist der englischen Königin den Gipfel allen Bachtums.

Der Glanz verblasst. In der achten Generation gibt es einen empfindlichen Knacks im Familienerbe. 1797 wird in der Eisenacher Georgenkirche kein Bach, sondern der Kaufmann Johann August Kehl zum Organisten berufen. Zweimal bewirbt sich Philipp Ernst Christian Bach (1780-1840) vergebens um die Position. Sein Rivale Kehl behauptet, die Orgel sei völlig verdorben, seit Bach darauf „getobt“ habe. Die wundersame Geschichte der Familie Bach endet in den Niederungen der Normalität. Der letzte der Bachs wird Büromensch. Er hat ein bescheidenes Auskommen im Staatsdienst, als Oberamtskopist. □

Emanuel Eckardt, *Musik- und besonders Bachkenner, hatte Mühe, sich auf 50 Familienmitglieder zu beschränken.*

Wo viel Totholz ist, wachsen auch viele Moose, Flechten, Pilze – von den Holzpilzen wie dem Heimling gibt es im Hainich 1000 Arten

Leben im

Text: Karen Amme, Fotos: Thomas Stephan

Totholz

Der Nationalpark Hainich ist ein einzigartiger Urwald aus lauter Laubbäumen

Forschungsobjekt Baum: Praktikanten untersuchen die Zahl der lebenden Organismen in sterbenden und toten Baumteilen. Erste Ergebnisse belegen das Vorkommen und den Artenreichtum sehr seltener Pilz-, Flechten- und Moosarten

Vielfalt unter lichten Baumkronen: Im Frühjahr, wenn der Buchenwald noch kein geschlossenes Laubdach gebildet hat, ist der Boden voller Kräuter. Der weiß blühende Bärlauch bildet dichte Teppiche

MERIAN TIPP Naturschutzgebiete

Nationalpark Hainich
Bad Langensalza
Tel. (036 03) 39 07 28
www.nationalpark-hainich.de
Naturparks
Eichsfeld-Hainich-Werratal, Fürstenhagen, Tel. (03 60 83) 46 63
Kyffhäuser, Rottleben
Tel. (03 46 71) 51 40. Thüringer Schiefergebirge/ Obere Saale
Leutenberg, Tel. (03 67 34) 230 90
Thüringer Wald, Friedrichshöhe, Tel. (03 67 04) 709 90.
Biosphärenreservate Rhön, Kaltensundheim, Tel. (03 69 46) 38 20. Vessertal, Schmiedefeld am Rennsteig, Tel. (03 67 82) 66 60.

Informationen zu allen Reservaten und Parks unter
www.natur.thueringen.de

Fünf Uhr dreißig, ein schwaches, fahles Licht kriecht über den Horizont, blinzelt durch das Meer aus Baumstämmen und wirft lange Schatten auf den moosigen Boden. Stefan Wichmann nimmt einen letzten Schluck Tee aus seiner Tasse und zieht die waldgrüne Jacke zu. Dann pfeift er seinen braunen Schweißhund heran und stapft los mit kräftigen, schnellen Schritten. Ein Specht hämmert die ersten Schnabelstöße des Tages in einen toten Ast, irgendwo zilpt sich ein Neuntöter warm. Und im Unterholz knackt es verdächtig.

Wanderer trifft man selten im Hainich-Nationalpark, schon gar nicht so früh am Morgen. „Wenn jemand um diese Zeit unterwegs

Reiche Vogelwelt: In den dichten Laubmischwäldern des Hainich können seltene Vögel wie die Waldohreule „übertagen“ – das heißt, als nachtaktive Vögel auch tagsüber Schutz finden

Ein selten gewordener deutscher Wald: Der 7600 Hektar große Hainich ist ein Laubmischwald, wie er vor tausenden von Jahren in Mitteleuropa überall stand. Heute gibt es ihn in dieser Größe nur noch hier

ist“, sagt Wichmann, „dann nur auf einer geführten Morgenpirsch.“ Der 32-jährige Förster biegt vom Schotterweg ab auf einen schmalen Pfad, hebt seine Nase, schnuppert kurz und fragt: „Riechen Sie es? Maggi, es stinkt nach Maggi, hier müssen Wildschweine sein.“ Er schiebt einen Zweig zur Seite und zeigt auf vier junge Wildschweine, die ihn aus nächster Nähe anstarren. „Überläufer“, flüstert Wichmann, „junge Wildschweine, die sind wie pubertierende Jugendliche. Sie nehmen niemanden ernst!“ Und stinken nach Maggi.

Fünf Minuten gibt Wichmann den Wanderern Zeit, dann schreitet er weiter, er will heute bis in die Kernzone des Hainich-Nationalparks vordringen. Dorthin, wo die Natur mit sich allein ist, wo die Wege in dichtem Grün enden, in Bärlauchfeldern, in Blätter- und Baumwänden. Noch ein kleines Stück auf ausgetretenen Wegen, dann weiter auf kaum sichtbaren Pfaden, überall riesige Rotbuchen, Eschen, Ulmen, hier und da eine Elsbeere, Flechten, Moose, Pilze. Findet man hier auch wieder heraus? „Ich ja“, sagt Wichmann, „aber es hat sich schon mal jemand verirrt, den mussten wir suchen und herauslotsen.“

Sicher ist nur eins: Gefahren aus dem Tierreich lauern im Nationalpark Hainich kaum. Die Wildkatzen, die es hier gibt, wohl um die 20 insgesamt, sind so scheu, dass selbst einer wie Förster Wichmann sie kaum zu Gesicht bekommt. Erst zweimal hat er eine gesehen, ganz kurz nur, Katzen mit buschigem Schwanz, die schnell ins Dickicht flohen. Auch Wildschweine sind im Grunde nicht angriffslustig, „es sei denn, sie werden gestört oder man kommt ihrem Nachwuchs zu nahe, dann können sie ganz schön unangenehm werden“, erzählt Wichmann. Und dass es in der Natur eines Försters liege, mit den Borstenviechern aneinander zu geraten. „Es gibt kaum einen Kollegen, der nicht schon mal unter einem Wildschwein lag.“

Doch weder Wildkatze noch Wildschwein waren der Grund dafür, das Waldstück mitten in Deutschland unter Schutz zu stellen. Die Rotbuchen, sagen Wichmann und seine Kollegen immer mit einem verzückten Lächeln im Gesicht. In erster Linie die Rotbuchen. Und die Ulmen, Eschen, Wildkirschen und Ahornbäume.

Der Hainich ist das größte zusammenhängende Laubwaldgebiet Deutschlands, er zeigt, wie es einst in vielen Wäldern Europas ausgesehen hat. Laubbäume, soweit die Beine tragen, „nur drei Prozent Nadelhölzer haben wir hier", sagt der Förster, und Stolz schwingt in seiner Stimme mit. Was ist so schlecht an Fichte und Kiefer? „Sie gehören hier nicht her", klärt er auf und verspricht, dass auch die paar Nadelbäume, die es im Hainich noch gibt, bald verschwunden sein werden.

Einige Male fällt auf jeder Morgenpirsch der Slogan des Nationalparks, etwa, wenn umgestürzte Bäume den Durchgang versperren oder sich Totholz stapelt. Natur Natur sein zu lassen, bedeutet, alles wuchern zu lassen, bedeutet, keine Bäume zu fällen, auch wenn das Holz ein kleines Vermögen bringen könnte, bedeutet, die umgestürzten, abgestorbenen Baumriesen nicht herauszuholen, sondern sie an Ort und Stelle verrotten zu lassen, damit aus ihnen wieder Neues entstehen kann. Der Hainich-Nationalpark ist auf dem besten Weg, ein Urwald zu werden. Stefan Wichmann deutet gern gen Südosten, in das Grün der bayerischen Wälder, „das ist nicht halb so wild wie in unserem Wald".

Gegen neun Uhr ist die Morgenpirsch zu Ende, Wichmann und seine Wanderer haben zehn Kilometer zurückgelegt, rund 70 Wildschweine aufgespürt und erlebt, dass Rehe bellen wie aufgeregte Yorkshire-Terrier – etwa eine halbe Oktave tiefer. Langsam schwillt das Tschilpen an zu einem gewaltigen Orchester: Flussregenpfeifer, Sperber und Misteldrossel zwitschern, drei der rund 170 hier lebenden Vogelarten. Die letzten 200 Meter stapft man durch Bärlauch, der hier Blatt an Blatt wuchert auf einer Fläche von rund 1600 Hektar. Wichmann rupft einen Stengel aus, lässt schnuppern, sagt: „Wir haben hier so viel Bärlauch, man könnte das halbe Land damit versorgen." Dann eilt er weiter, zu einer Fortbildung über Lurche.

Nationalpark Hainich: Als nach der Wende in den neuen Bundesländern Nationalparkgebiete ausgewiesen wur-

Räuberische Rarität: Die Wildkatze ist eines der alteingessenen Säugetiere und eine Kostbarkeit: Man schätzt, dass im Hainich ungefähr 20 bis 30 dieser seltenen Tiere leben

Buchenwald-Gesellschaft: Im Frühjahr überzieht die Gelbe Anemone Täler und Überhänge. Doch die leuchtenden Farbteppiche verschwinden genauso schnell, wie sie aufgeblüht sind

den, sprach niemand vom Hainich, von dem kleinen Flecken Grün am Westrand des Thüringer Beckens zwischen Eisenach, Bad Langensalza und Mühlhausen. Jahrzehntelang hatte das Militär zwischen den Buchen gewütet, erst die deutsche Wehrmacht, dann die sowjetische Armee, später die Nationale Volksarmee. Mancherorts war die Natur völlig zerschunden. Doch dort, wo das Kriegsgerät nicht hingekommen war, hatte sich ein einzigartiger Wald entwickelt. Fast schon ein Urwald. Zum Jahreswechsel 1997/1998 wurde der Südteil des Hainichs zum Nationalpark erklärt, 76 Quadratkilometer. Der Nordteil blieb als Kompromiss für die Thüringer außen vor. „Erst Militär, dann Naturschutz, da musste sensibel vorgegangen werden“, so Manfred Großmann, stellvertretender Leiter des Nationalparks.

Auf rund 100 Kilometern Wanderweg lässt sich die Natur heute erleben. Man kann an Führungen teilnehmen, zum Klang der Mandoline Frühlingslieder anstimmen oder nach der Nachtigall fahnden. Kann Fledermäuse suchen, im Mondschein wilde Tiere aufspüren oder zwischen Rotbuche und Ulme Geschichten rund ums Thema Glücklichsein lauschen. Mehr als zehn solcher Veranstaltungen bietet die Nationalparkverwaltung monatlich an, dazu gibt es Erlebnispfade, auf denen man lernen kann, das Quaken von Gelbbauchunke und Kreuzkröte zu unterscheiden und Wildschweine zu imitieren.

Manfred Großmann ist ein Mann weniger Worte. Wer mit dem 44-Jährigen durch den Wald schleicht, merkt, dass ihm sein Schreibtischjob gegen die Natur geht. Er macht ein paar leise Schritte, hält inne, flüstert „Moment mal“ und zeigt ins Geäst: „Hören Sie, das ist der Zilpzalp, ganz deutlich zu erkennen, er singt seinen Namen, zilpzalp, zilpzalp, und das ist ein Specht, ein Schwarzspecht, einer der seltensten hierzulande.“ Großmann ist seit der Gründung im Nationalpark Hainich, er befasst sich damit, Forschungsprojekte zu koordinieren und Vogelbestände zu erfassen. Mit all den Kleinigkeiten, die ihn fesseln.

Er deutet auf das vor ihm liegende Stück Grün, auf den wild wuchernden Bärlauch, auf den Stamm einer toten

Natur Natur sein lassen: Hier gibt es nicht die gepflegte Ordnung – keine Bäume in Reih und Glied oder monotone Nadelholzbestände. Sondern Bäume aller Größen und Totholz, das von Moosen, Flechten und Pilzen überwuchert ist

Vogelparadies: 170 Arten hat man im Hainich gezählt, davon sind 104 Brutvögel. Im Stammbereich der Laubbäume leben viele Spechte – zu den selteneren gehören die schwarzen

Ulme, an dem halbkreisförmig Pilze kleben, deutet auf die Rinde, unter der Käfer arbeiten, sagt: „Es ist ein Kreislauf. Etwas stirbt, zerfällt, wird zersetzt, und daraus entsteht etwas Neues." Großmann steht seine Begeisterung ins Gesicht geschrieben. „Das Wunderbare am Hainich ist", freut er sich, „zu sehen, wie der Wald sich langsam auf den Weg zum Urwald macht." Weil sie Natur Natur sein lassen.

„Weiter geht's", drängt Großmann, und die Ausflügler setzen sich wieder in Bewegung auf dem Saugrabenweg, der mitten ins Herz des Hainichs führt. Zwischen den Buchen wartet eine Bache mit ihren Jungen, bis die Wanderer vorbeigezogen sind, mancher lässt vor Rührung ein heiseres „ooohhhh" ertönen, durch die Luft wabert der Knoblauchduft des Bärlauchs.

Ein Wald wie kein anderer. Oder? „Tief drinnen", schwärmt Großmann, „sind die nachtaktiven Tiere mittlerweile auch am Tage unterwegs." Er nickt versonnen, deutet auf einen toten Stamm, der voller Leben ist. Der Hainich versucht mit Wildkatze und Wildschwein, mit Buche, Bärlauch und Buschwindröschen Urlauber aus dem ganzen Land anzulocken, neuerdings auch noch mit dem Baumkronenpfad, auf dem man in bis zu 44 Meter Höhe zwischen Baumwipfeln spaziert. Für den Naturschützer Großmann sind es eher die kleinen Dinge, die begeistern.

Stundenlang könnte er hier herumschweifen, er würde einen Wendehals und auch den Rotmilan zeigen können, dessen Gewohnheiten ihm mittlerweile so vertraut sind wie Förster Wichmann seine pubertierenden Wildschweine. Aber es gibt noch so vieles zu sehen. Den gewaltigsten Baum des Nationalparks, eine Eiche, die schon gestanden haben soll, als Christoph Kolumbus Amerika entdeckte. Die kleinen Pflanzen, die ihm am Herzen liegen. Und die Mönchsgrasmücke. „Hören Sie?", fragt Großmann. Man hört. Düle, düle, düle. Düle, düle, düle. Irgendwo tockt ein Specht, der Zilpzalp singt zilpzalp, und in der Ferne bellen Rehe. Nur eines ist wirklich nicht zu hören: Waldesruh. □

Karen Amme *kennt Tiere gut. Doch Aug in Aug mit pubertierenden Keilern bekam auch sie weiche Knie.* **Thomas Stephan** *fotografiert seit Jahren den Hainich: den schönsten Laubwald Deutschlands, wie er findet.*

Von lichter Schönheit: Wo einst die Wehrmacht, dann die Rote Armee und zuletzt die Nationale Volksarmee das Schießen übte, ist seit 1997 offiziell Nationalpark

Schutzzone für bedrohte Tiere: Die vielen Baumhöhlen und -spalten sind ideale Quartiere für Fledermäuse. Allein von der Spezies „Braunes Langohr" leben hier 11 Unterarten

MERIAN TIPP Baumkronenpfad

Er ist Deutschlands längster: Der Pfad im Hainich besteht aus einem 44 Meter hohen Baumturm und dem 310 Meter langen hölzernen Weg auf 24 Meter luftiger Höhe. Er führt die Besucher im weiten Bogen durch die Baumkronen und ermöglicht so den direkten Einblick in die Welt der Wipfelbewohner. An mehreren Stellen des Kunstweges (Kosten: 1,8 Millionen Euro) gibt es Ausbuchtungen mit Sitzbänken.
Schon beim Besteigen des Turms bekommt der Besucher den Eindruck, dass er auf eine riesige Buche klettert: Auf jedem Stockwerk kann er interessante Welten entdecken – elf Baumarten, aber auch Baumpilze, Spechte, Insekten und Fledermäuse sind zu beobachten. Verschnaufen kann man in einer Baumhöhle auf 36 Meter Höhe. Start: An der Thiemsburg im südöstlichen Teil der Nationalparks Hainich. Eintritt: 6 €

Der 44 Meter hohe Baumturm ist Ausgangs- und Endpunkt des Weges durch die Baumwipfel

Die Suche nach Gott war die Passion ihres Lebens, ein immer währender Kampf.

Der eine fand ihn in der Heiligen Schrift, der andere kam zu der Erkenntnis „Gott ist tot" und wurde verrückt

Martin Luther

Vor fünfhundert Jahren, am 2. Juli 1505, bringt ein Gewitter in der Nähe von Erfurt den 21-jährigen Theologiestudenten Martin Luther dazu, dass er in totaler Panik seine Berufswahl trifft: „Hilf, heilige Anna, ich will ein Mönch werden!" Also geschieht es. Er begibt sich nach Wittenberg ins Schwarze Kloster der Augustiner-Eremiten und auf die Suche nach Gott. In der katholischen Kirche findet er ihn nicht, stattdessen schnöden Ablasshandel und einen kriegerischen Papst, den er „Blutsäufer" nennt. Pomp lehnt er ab. „Der wahre Glaube muss lernen, auf dem Nichts zu stehen."

Luther legt in 95 Thesen die Schwächen der Kirche bloß, zeigt einen Weg zu ihrer Erneuerung. Er schlägt den (lateinischen) Text in Wittenberg an die Kirchentür und es ist, als hätte er ein Feuer gelegt. Der Papst belegt ihn mit dem Kirchenbann, der Mönch wird zum Reichstag nach Worms zitiert, weigert sich zu widerrufen, beruft sich auf sein Gewissen und die Heilige Schrift. Ob er wirklich gesagt hat „hier stehe ich, ich kann nicht anders", ist nicht verbürgt. Wohl aber sein: „Gott helf mir, Amen."

Er ist seines Lebens nicht mehr sicher, wird in Eisenach auf der Wartburg versteckt, wo er mit seinem bedeutendsten Werk beginnt, der Übersetzung des Alten und Neuen Testaments in die deutsche Sprache. Er holt die Bibel ans Licht, macht die Heilige Schrift zum Volkseigentum, ein unerhörter Vorgang. Durch seine gewaltige Bibelübersetzung habe er die deutsche Sprache erst geschaffen, urteilt Thomas Mann.

Luthers Schriften verbreiten sich schnell, er wird wie ein Volksheld verehrt, bis die Bauernkriege das Land verwüsten und der fromme Mann angesichts der Grausamkeiten „wider die räuberischen und mörderischen Rotten der Bauern" polemisiert und zur Vernichtung der Aufständischen aufruft. „Darum soll hier zuschmeißen, würgen und stechen, heimlich oder öffentlich, wer das kann, und bedenken, dass nichts Giftigeres, Schädlicheres, Teuflischeres sein kann als ein aufrührerischer Mensch."

Doch auch Fürsten und Ritter bekommen seinen Zorn zu spüren, als sie ein blutiges Strafgericht anzetteln: „verzagte Schelmen, jetzt vergessen sie Gottes, der sie dazumal errettet, als sie sich in die Hosen schissen, dass es noch stinket, wo ein Scharrhans gehet oder stehet".

Luther wollte keine Glaubensspaltung, keine Revolution. Seine Reformation der Liturgie war nur in einem einzigen Punkt radikal: Die Abendmahlsfeier sollte nicht mehr leise auf Lateinisch eingeleitet werden, sondern laut und vernehmlich auf Deutsch.

1525 heiratet er die ehemalige Nonne Katharina von Bora („Die Welt kann die Frauen nicht entbehren"). Er führt ein gastliches Haus, ein Mann des Volkes. Er bleibt bescheiden bis an sein Ende, sieht sich als Werkzeug Gottes. „Man wolle meines Namens geschweigen, und sich nicht lutherisch sondern Christen geheißen. Was kann denn ich armer stinkender Madensack dazu, da man die Kinder Christi sollte mit meinem heillosen Namen nennen?"

Die von Luther angestoßene Reformation verändert die Welt. Für sein Lebenswerk, das umfassendste seiner Zeit, hat er nie einen Pfennig Honorar erhalten. Dabei ist er der erste, der die neu erfundene Druckkunst zu voller Wirkung bringt, als Massenmedium, das die öffentliche Meinung des Abendlandes dem Einfluss eines einzigen Autoren unterwirft. Er stirbt am 17. Februar 1546 im Alter von 62 Jahren.

> „Die Welt kann die Frauen nicht entbehren"

Von Lucas Cranach dem Älteren gemalt, von Joseph Fiennes im Film gespielt: Martin Luther, der Mönch aus Thüringen, dessen Thesen die Welt veränderten

Sechs Porträts von Emanuel Eckardt

IN EINEM KLEINEN LAND

1899 malte Hans Olde Nietzsche als Leidensgestalt und zugleich jungen Menschen. Das Foto zeigt den 38-Jährigen nach Ende seiner Professorenlaufbahn

Friedrich Nietzsche

Er wird am 15. Oktober 1844 als Sohn eines Dorfpfarrers in Röcken (heute Sachsen-Anhalt) geboren. Mit zwölf schreibt er seine erste philosophische Abhandlung: „Vom Ursprung des Bösen“. Er besucht das Elite-Internat Schulpforta, wagt sich „in das Meer des Zweifels, um das Christentum als Trugbild zu entlarven“, studiert Theologie und Philosophie in Bonn, leistet seinen Militärdienst bei der reitenden Artillerie und erhält mit 24 an der Universität Basel einen Lehrauftrag für klassische Philologie. Der 31 Jahre ältere Komponist Richard Wagner wird für ihn zur Vaterfigur; in dessen Musik entdeckt Nietzsche den Urgrund allen Lebens: den Mythos, die „gesunde schöpferische Naturkraft“ jeder Kultur, das Dunkle, Animalische.

Das Beste für den Menschen sei, nicht geboren zu sein, nicht zu sein, nichts zu sein, lässt er den Dämonen Silen sagen. 20 Jahre vor Freud verweist Nietzsche auf die Macht des Unterbewussten, in der Erkenntnis, „dass auf dem Erbarmungslosen, dem Gierigen, dem Unersättlichen, dem Mörderischen der Mensch ruht, in der Gleichgültigkeit seines Nichtwissens und gleichsam auf dem Rücken eines Tigers in Träumen hängend.“

„Ich lebe seltsam, wie auf den Wellenspitzen des Daseins“

Die Antike bleibt Zentrum seines Denkens. Er lehnt soziale Bewegungen ab, die Demokratisierung der Bildung hält er für ein Vorstadium des Kommunismus, weil sie keine großen Einzelnen hervorbringe, sondern „Nutzmenschen“, Massenheere an funktionsfähigen Wirtschafts- und Staatsdienern. Ohne Sklaverei keine Kultur. Es müsse „blinde Maulwürfe der Kultur“ geben, welche die niederen Arbeiten verrichten, damit die anderen, die Freien, sich ungestört den kulturschöpferischen Arbeiten wie Musik und Politik widmen könnten. Zum Alltag hält er Distanz. Zeitungsdeutsch ist ihm zuwider, er schämt sich der geschändeten Sprache. „Noch ein Jahrhundert Zeitungen und alle Worte stinken.“

Er entfremdet sich von Wagner, den er inzwischen für rückwärtsgewandt hält, zählt ihn zu seinen Krankheiten, als süchtig machendes Gift, ein „morsch gewordener verzweifelnder Dekadent, der plötzlich hilflos und zerbrochen vor dem christlichen Kreuze niedersank“. Für das Kreuz hat er nur Verachtung, für Nietzsche ist klar: Gott ist tot.

Nietzsche erkrankt. 1879 geht der Gelehrte in Pension, lebt ohne festen Wohnsitz, „seltsam, wie auf den Wellenspitzen des Daseins, eine Art fliegender Fisch“. Eine Affäre mit der Diplomatentochter Lou von Salomé scheitert. Er widmet sich ganz dem Schreiben. In seinem letzten großen Werk spricht Zarathrustra und predigt die Lehre vom Übermenschen, der sich selbst erschafft, der niemanden nachahmt, keiner Mode folgt und keiner Moral.

Dann packt ihn der Wahnsinn: „Ich bin Gott“, erzählt er Passanten in Turin. Er wird in die Psychiatrische Universitätsklinik von Jena überführt. Die Diagnose: progressive Paralyse, wahrscheinlich durch Syphilis-Erreger. Seine Schwester Elisabeth zieht mit dem Nietzsche-Archiv, das sie 1893 gegründet hat, nach Weimar.

„Der Wille zur Macht“ findet reißenden Absatz. Nietzsche ahnt nicht, dass er mittlerweile der bekannteste Philosoph Deutschlands ist. Er stirbt am 25. August 1900 in geistiger Umnachtung. Er wird in seinem Heimatdorf Röcken beerdigt.

Nach dem 2. Weltkrieg galt Nietzsche als „geistiger Kriegsverbrecher“, die sowjetische Besatzungsmacht sperrte sein Archiv. In der DDR war die Beschäftigung mit ihm tabu.

Sie bildeten ein ideales Team, Goethe und Schiller

Dichter&Denker und die erfolgreichsten Schulbuchautoren deutscher Sprache

Friedrich Schiller

Johann Christoph Friedrich Schiller, genannt Fritz, am 10. November 1759 in Marbach als Sohn eines Wundarztes geboren, schwäbelt sein Leben lang. Goethe nervt die feine Gesellschaft mit seinem Frankfurter Gebabbel. Hat Goethe mit seinem Carl August, dem Herzog von Sachsen-Weimar, einen wahren Freund und Gönner, muss Schiller sich mit Carl Eugen abplagen, dem Herzog von Württemberg, einem Tyrannen, der ihm eine miese Stelle als Militärarzt zuweist, nachdem er acht Jahre lang eine Militärakademie besucht hatte, die er als Folter empfand.

Der junge Dichter vollendet sein erstes Stück „Die Räuber" während der Bummelzeiten in der Krankenstube. Weil er zweimal ohne zu fragen nach Mannheim ins benachbarte Ausland reist, landet er für 20 Tage im Gefängnis. Festungshaft droht. Schiller will nicht „dass meine Knochen in Schwaben verfaulen", flieht mit einem Freund in die Kurpfalz und gelangt über Oggersheim ins thüringische Bauerbach.

Die „Räuber" werden ein Erfolg. Neue Dramen entstehen, dramatisch äußert er auch seine große Liebe: „Deine Seele muss sich in meiner Liebe entfalten, und mein Geschöpf musst du sein", spricht der Dichter und nimmt die Angebetete, Charlotte von Lengefeld am 20. Februar 1790 in der Dorfkirche von Wenigenjena zur Frau, ohne allerdings ihre kluge Schwester Caroline aus den Augen zu verlieren.

Auf Goethes Empfehlung wird Schiller Geschichtsprofessor an der Universität von Jena, erhält den Titel „Hofrat" und steht auch sonst über den Dingen. „Ich schreibe als Weltbürger, der keinem Fürsten dient." Er will an keinen anderen Thron mehr appellieren als an die menschliche Seele. „Das Lied an die Freude" entsteht und ein Riesenwerk wächst.

Der Dichter erkrankt. Nach einer Lungenentzündung bleibt ein chronisches Leiden, von dem er sich nie erholt. „Ernst ist das Leben, heiter die Kunst", heißt es im Prolog zum Wallenstein. Und das Ideal aller Kunst beschreibt er so: „Ehe noch die Wahrheit ihr siegendes Licht in die Tiefen der Herzen sendet, fängt die Dichtungskraft ihre Strahlen auf, und die Gipfel der Menschheit werden glänzen, wenn noch feuchte Nacht in den Tälern liegt." Er sieht die Welt von oben. „Aus dem ewig reinen Äther idealischer Menschheit strömt der lautere Quell der Schönheit herab, unangesteckt von dem Geist des Zeitalters, der tief unter ihm in trüben Strudeln dahin wallt."

Goethe hält zunächst Abstand, doch endlich finden sie zueinander, im Gespräch über die Urpflanze als sichtbare Erfahrung (Goethe) oder als Idee (Schiller). Und so treten die Geister in Dialog, schreiben Briefe, besuchen sich, tauschen sich aus, ein geniales Team, ein ideales Paar. Auf Applaus sind sie nicht angewiesen. „Das einzige Verhältnis gegen das Publikum, das einen nicht reuen kann, ist der Krieg", schreibt Schiller an Goethe, man müsse die Leser „incommodieren, ihnen die Behaglichkeit verderben, sie in Unruhe und Erstaunen versetzen."

Schiller beschließt, die kalte Jahreszeit in Weimar zu verbringen, um mehr mit Goethe zusammen sein zu können, ein Verlust für die Nachwelt, denn fortan schreiben sich die beiden keine Briefe mehr und disputieren hinter verschlossenen Türen. Schillers Tod am 9. Mai 1805 trifft Goethe schwer: „Ich verliere die Hälfte meines Daseins."

> „Ernst ist das Leben, heiter die Kunst"

Schiller war Anfang 30, als ihn Ludovike Simanoviz porträtierte. Als Purzelbaumschläger sah er sich selber

sind unsterbliche Superstars in der Kategorie

Johann Wolfgang von Goethe

Das erste war ein Aufschrei: „Rätin, er lebt!" rief die Großmutter beim Anblick des blau angelaufenen Säuglings. Goethe kommt am 28. August 1749 in Frankfurt zur Welt. Ein kluges Kind. Es lernt Griechisch, Latein, Hebräisch, Englisch, Französisch und naturwissenschaftliche Fächer, Reiten und Fechten, Porträt- und Landschaftszeichnung, Tanzschritte und das Klavierspiel. Nach dem Studium der Rechte in Leipzig wird er mit 23 Rechtsanwalt.

1776 geht er an den Musenhof von Weimar und Musen begleiten das Genie, das Käthchen, die fromme Susanna und Friederike mit den gewaltigen blonden Zöpfen, die fortan ledig bleibt: „Wer von Goethe geliebt worden ist, kann keinen anderen lieben." Musen werden Teil seines Lebenswerks wie die schöne Charlotte in den „Leiden des jungen Werthers". Muse Lili, die Bankierstochter, hat ihren Auftritt und Anna Amalia, Herzogin in Weimar. Deren Sohn Carl August, Goethes Gönner und Freund, schenkt ihm ein Gartenhaus, macht ihn zum Geheimrat und überhäuft ihn mit so vielen Ämtern, dass kaum zu verstehen ist, wie dieser Mann überhaupt zum Schreiben kommt: Als Leiter der Bergwerks-, der Kriegs- und der Wege- und Wasserbaukommission ist er zuständig für Rekrutenaushebung, Industrieförderung, Straßenbau und Brückenwesen. Als Kammerpräsident gibt er den Finanzminister und saniert den Haushalt, indem er die Armee halbiert. Nebenbei ist er Hofpoet und Maître de Plaisir, organisiert Partys, Leseabende, Redouten und Singspiele, wird Intendant und Chefdramaturg des neuen Hoftheaters, zugleich zuständig für Bühnenbilder, Kostüme und die Ausbildung der Schauspieler. Gelegentlich tritt er selbst als Mime auf und inszeniert sämtliche Mozart-Opern sowie Dramen der Kollegen Shakespeare und Schiller. Außerdem widmet sich der Universalgelehrte zeitlebens den Naturwissenschaften und entdeckt nebenbei den menschlichen Zwischenkieferknochen.

Dann aber flieht er vor den Amtsgeschäften und wohl auch vor der klugen Hofdame Charlotte von Stein nach Italien und tröstet sich mit einer jungen römischen Witwe, die als „Faustina" Eingang in sein Gesamtwerk findet. „Uns ergötzen die Freuden des echten nacketen Amors / Und des geschaukelten Bettes lieblicher knarrender Ton" schreibt der Dichter. Keine Muse aber war ihm so lange zu Willen wie die Näherin Christiane, die er nach 18 Jahren Wohngemeinschaft heiratet. August, der gemeinsame Sohn, ist inzwischen alt genug, um als Trauzeuge dabei zu sein. Bedeutender in ihrer Wirkung auf die abendländische Literatur ist natürlich die Beziehung zu Friedrich Schiller. Er war es, der Goethe auf den „Dunst- und Nebelweg" des „Faust" führte, an dem er über drei Jahrzehnte arbeiten wird.

In späten Jahren findet der alte Herr Gefallen an Wilhelmine, („Das Allerstarrste freudig aufzuschmelzen, / Muss Liebesfeuer allgewaltig glühen"), aber auch an Bettina, Sylvie und Marianne und verliebt sich, fünf Jahre nach dem Tod seiner Christiane, unsterblich in die 17-jährige Ulrike. Einer Heirat steht allerdings eine Herzbeutelentzündung im Wege.

Zum Ausklang erklingt das seelenvolle Spiel der Pianistin Maria. Er findet noch Zeit, sein umfassendes literarisches Gesamtwerk in einer 40-bändigen Ausgabe zu redigieren. „Nun schaut der Geist nicht vorwärts, nicht zurück. Die Gegenwart allein ist unser Glück", heißt es im „Faust". Am 22. März 1832 schließt Johann Wolfgang von Goethe für immer die Augen.

Mehr als 40 Jahre liegen zwischen dem Ausreißer, den Tischbein 1786 in Italien zeichnete, und dem alten Geheimrat

„Wer von Goethe geliebt worden ist, kann keinen anderen lieben"

Sie kamen von weit her, der eine aus New York, der

die eigentlich Musiker werden wollten. Das Bauhaus führte sie in Weimar zusammen

Lyonel Feininger

Am 17. Juli 1871 wird Léonell Charles Feininger in New York als Sohn eines aus Durlach stammenden Geigers und einer Sängerin geboren. Er bekommt Violinunterricht vom Vater, arbeitet als Laufbursche, während die Eltern auf Tournee sind und reist als 16-Jähriger mit einem Dampfsegelschiff nach Hamburg. Statt das Violinspiel zu lernen nimmt er dort Zeichenunterricht. Als er seine Uhr verkauft, um einem Freund zu helfen, schickt ihn der Vater nach Lüttich zu den Jesuiten in ein strenges Internat.

Wieder in Freiheit geht er nach Berlin, lebt auf Rügen, in Paris, wieder in Berlin, zeichnet für Witzblätter. Er heiratet, eine Tochter kommt zur Welt. Doch vier Jahre später verlässt er Frau und Kind für seine große Liebe Julia. Er zeichnet lustige Blätter, darunter eine tobsüchtige Lokomotive und Comic-Strips für die *Chicago Tribune*.

In Thüringen entdeckt er die Provinz. Julia studiert an der Großherzoglichen Kunstgewerbeschule in Weimar, sie beziehen ein Atelier an der Kurthstraße 7a. Er zieht mit dem Skizzenbuch über die Dörfer, zeichnet in Gelmeroda und Vollersroda, Gaberndorf, Dansdorf und Niedergrunstedt, Mellingen, Umpferstedt und Taubach, sucht und findet das Mystische in gottverlassenen Dörfern. 1906 wird sein Sohn Andreas, 1910 Theodore Lux geboren.

Selbst seine Sonne hat vier Ecken

Feininger wird ordentliches Mitglied der Berliner Secession, muss sich aber immer noch mit Karikaturen ernähren. In Weimar begegnet er dem Kubismus, entwirft seine beklemmend komische Welt der „Mummenschanzfiguren“. 1918 ziert sein Holzschnitt „Kathedrale“ das Manifest des neu gegründeten Bauhauses in Weimar. Walther Gropius beruft ihn in den Meisterrat als Leiter der Graphischen Druckerei.

Der Künstler hat ein geregeltes Einkommen als arrivierter Rebell, beginnt zu komponieren. Das Museum am Anger in Erfurt stellt ihm ein Atelier zur Verfügung. Er schließt sich mit Alexej Jawlensky, Paul Klee und Wassili Kandinsky zur Ausstellungsgemeinschaft „Die blauen Vier“ (Blue Four) zusammen. Seine Fugen werden im Bauhaus aufgeführt.

Doch nun erwachen die real existierenden Mummenschanzfiguren in der Politik. Das Bauhaus wird nach Dessau verlegt und 1932 aufgelöst. Die Nazis übernehmen die Macht. Feiningers Bilder gelten als „Verfallskunst“, werden in der Ausstellung „Entartete Kunst“ gezeigt, 400 seiner Werke aus den Museen entfernt.

1937 verlässt er Deutschland, ein Weltbürger, dessen Kunst zum Welterbe gehört, Architekt eines gotischen Klangbildes der Malerei, kurvenlos, schnörkellos, geradeaus schichtet er himmelwärts strebende Kompositionen von raffinierter Transparenz mit gläsernen Konturen. Kantig schwebt die Wolke über dem Horizont und selbst die Sonne hat vier Ecken.

Vor allem gelang ihm die Verwandlung thüringischer Provinz ins kristallin Erhabene. Kein Motiv hat ihn so gefesselt wie die Dorfkirche von Gelmeroda. 1906 hat er sie zum ersten Mal skizziert, das letzte Bild entsteht 1936. Von 13 Gemälden sind zehn erhalten geblieben.

Er lebt fortan in New York. Dort malt er 1952 zum letzten Mal ein thüringisches Dorf. „Irgendwie geben mir die hiesigen Motive keine Genugtuung“, schreibt er. Am 13. Januar 1956 stirbt Lyonel Feininger in seiner New Yorker Wohnung.

„Weißer Mann“, schwarzes Männchen: Lyonel Feiningers ungleiche Brüder von 1907

andere aus Bern, zwei Ausnahmekünstler,

Paul Klee

Der Künstler wird am 18. Dezember 1879 im Münchenbuchsee bei Bern als Sohn eines aus Thüringen stammenden Musikpädagogen und einer Baslerin geboren. Wie Feininger lernt er Geige, spielt sogar im städtischen Orchester und zeichnet früh Karikaturen. Wie Feininger schwankt auch er zwischen Musik und Malerei und entschließt sich für die Kunst. Mit 19 Jahren geht er nach München, ein stiller, versponnener Individualist. Der Anblick des Aquariums von Neapel löst bei ihm spirituelle Empfindungen aus, auch wenn ihn die Polypen an Kunsthändler erinnern. Im Jahr 1906 heiratet er die Münchner Pianistin Lily Stumpf.

Er kratzt mit einer Nadel in geschwärzte Glasscheiben, zeichnet viel. Im Sammelband des „Blauen Reiters" ist er mit feinen Zeichnungen vertreten. 1914 reist er mit den Künstlerfreunden August Macke und Louis Moillet nach Tunesien und notiert: „Die Farbe hat mich. Ich brauche nicht nach ihr zu haschen. Sie hat mich für immer. Ich weiß das."

Marc und Macke fallen im 1. Weltkrieg. Paul Klee wird eingezogen, bemalt Flugzeuge in der bayerischen Flugzeugwerft in Schleißheim. „Diesseitig bin ich gar nicht fassbar", notiert er in sein Tagebuch. „Denn ich wohne gerade so gut bei den Toten wie bei den Ungeborenen. Etwas näher dem Herzen der Schöpfung als üblich. Und noch lange nicht nahe genug."

In seinen Bildern komponiert er eine Kammermusik der leisen Töne, versetzt Flächen und Symbole in einen Schwebezustand von ätherischer Leichtigkeit, alles schwingt. „Kunst gibt nicht das Sichtbare wieder, sondern macht sichtbar", schreibt er in seiner „Schöpferischen Konfession".

1920 wird er von Walter Gropius zum Formmeister für Glasmalerei und Weberei am Bauhaus berufen. Für ein Jahrzehnt ist er mit Feininger im gleichen Team, ein Pädagoge der leisen Töne. Sein Unterricht verströmt eine Atmosphäre von Versenkung und Abgeschlossenheit. Zwei Semester lang spricht er nur über das Räumliche. Er befasst sich mit einer mathematischen Bildsprache; wie Kandinsky verwendet er oft geometrische Formen. Sein Thema ist die befreite Linie, sie geht spazieren, läuft, schlägt Purzelbäume. „Der Vater des Pfeils ist der Gedanke. Wie erweitere ich meine Reichweite dorthin?"fragt er sich, ein Raumforscher unter den Malern des 20. Jahrhunderts, der das Grenzenlose in Schwingung versetzt.

Er zieht mit dem Bauhaus von Weimar nach Dessau, geht 1931 an die Düsseldorfer Akademie. Als die Nazis die Macht ergreifen, nennen ihn Düsseldorfer Zeitungen einen „sibirischen Ostjuden und gefährlichen Kulturbolschewisten". Sein bester Schüler denunziert ihn. 1933 muss er Düsseldorf verlassen. „Meine Herren: Es riecht in Europa bedenklich nach Leichen", sind seine Abschiedsworte. Über hundert seiner Werke werden beschlagnahmt.

Sklerodermie, eine Verhärtung des Bindegewebes, macht ihm zu schaffen. Er lebt zurückgezogen in Bern, widmet sich der Meditation und der Arbeit, malt zauberhafte, filigrane Bilder und ringt mit der Schweizer Bürokratie. Die Behörden verdächtigen ihn der Schizophrenie, verweigern ihm bis zuletzt die offizielle Niederlassung. Er stirbt am 29. Juni 1940 in Muralto-Locarno, heimatlos. „Wie ein Märchen klingend ist die Kunst überall zu Hause", notierte er einmal. □

„Kunst gibt nicht das Sichtbare wieder, sondern macht sichtbar"

„Senecio" nannte Paul Klee sein Bild eines alten Mannes von 1922 mit Kugelkopf und aus der Waage geratenen Augen

ACHT MONATE WAR BAUERBACH SCHILLERS ZUFLUCHT.
SEIT HUNDERT JAHREN LEBT DER KLEINE ORT
FÜR DRAMA, BÜHNE, VERS UND SZENE

EIN DORF UND SEIN

Alle Schauspieler sind Laien: Katja Lüdicke, Diplomingenieurin, ist die „Johanna von Orleans". Ihr Partner Eckehard Schorr spielt den Vater, Thibaut D'Arc

Text: Bernd Noack, Fotos: Hardy Müller

DICHTER

Für die Massenszenen der „Johanna" müssen zwei heimische Pferde als Schlachtrösser für Schillersche Dramatik sorgen

Höfischer Glanz auf der dörflichen Bühne: die Geliebte des Königs Agnes Sorel (Saskia Schmidt) versöhnt sich mit dem Herzog von Burgund (Thomas Werner)

„Endlich bin ich hier, glücklich und vergnügt, daß ich einmal am Ufer bin. Ich traf alles noch über meine Wünsche. Keine Bedürfnisse ängstigen mich mehr, kein Querstrich von außen soll meine dichterischen Träume, meine idealischen Täuschungen stören."

Schiller, der träumende und flüchtende Dichter, kam am 7. Dezember 1782 zu Fuß die knapp 20 Kilometer von Meiningen her. Auf welchem Weg? Vielleicht am Bergrand entlang. Es dunkelte bereits, aber er konnte das tief verschneite Bauerbach, sein Exil für die nächsten Monate, wie sorgsam hineingelegt ins Tal zwischen Thüringer Wald und bayerischer Rhön wohl sehen. Das mag sein von Nöten wie Verfolgungsängsten bedrücktes Gemüt ein wenig vergnügt gestimmt haben. Heute noch ist der Blick von der Anhöhe hinab auf die Handvoll Häuser schlicht und anmutig.

Vielleicht näherte er sich dem Ort aber auch von der gegenüber liegenden Seite: Dann war es der für eine kleine Landgemeinde mit gerade mal 300 Einwohnern große jüdische Friedhof am Waldrand, der seine erste Aufmerksamkeit erregte. Ein Jude übrigens, der Bürger Mattich, war die nächste Zeit einer der wenigen Menschen, mit denen Schiller hier in der Einöde enger in Kontakt kam, als er sich zurückzog, um „nur Dichter" zu sein. Die Grabsteine stehen jetzt in ihren Reihen krumm zwischen den Bäumen; in Bauerbach gibt es keine Juden mehr.

Oder lief Schiller auf der Strasse, die heute bequem asphaltiert Bauerbach mit dem Rest der Welt verbindet? Wäre er links in einen Waldweg kurz vor dem Dorf abgebogen, hätte er einen idyllischen Platz gefunden, eine kleine versteckte Lichtung, die vielleicht auch ihm wie eine ideale Naturbühne vorgekommen wäre. Zwei Jahrhunderte später spielen die Dorfbewohner genau dort seine Stücke.

Seine Stücke: Er hatte ja erst zwei fertig geschrieben. Und das erste hatte ihm zunächst einmal zwar rauschenden Beifall, aber dann auch eine Menge Ärger eingebracht: „Die Räuber" waren der Grund, warum er den Weg in diese gottverlassene Gegend hatte antreten müssen, gejagt von der Obrigkeit, die sich verunglimpft sah, angewiesen auf Wohlwollen und Geld der Herzogin von Wolzogen. In Bauerbach konnte er durchatmen: „Alle Bequemlichkeiten, Kost, Bedienung, Wäsche, Feuerung, und all diese Sachen" waren von den Leuten des Dorfes „auf das vollkommenste" besorgt worden. Dabei wussten die gar nicht, wen sie vor sich hatten – der Dichter reiste unter Pseudonym, nannte sich „Dr. Ritter".

Sie konnten nicht ahnen, dass mit dem richtigen Namen des schweigsamen Gastes später einmal Geschäfte zu machen sein würden. Immerhin nennt sich Bauerbach, noch immer ein 300-Seelen-Dorf, stolz „Schiller-Ort": In der Mitte das stattliche Fachwerkhaus, in dem der Dichter wohnte. Es ist heute Museum. Im Gasthof gibt es Schiller-Menüs (Suppe, Kohlrüben, Kompott); an den Fassaden hängen Plakate mit Schillerzitaten statt einstiger Parolen zum SED-Parteitag („Das Alte stürzt, es ändert sich die Zeit", „Die ganze Welt ist ein Klagehaus"); und jeder Mensch hier ist Künstler. Denn fast jeder Bauerbacher hat in seinem Leben mindestens einmal eine Rolle in irgendeinem Schiller-Stück übernommen und stand vor den Zuschauerreihen auf dem Waldboden, der hier die Welt bedeutet.

Schon 1935 machte Bauerbach das Gutshaus, in dem Schiller lebte, zum Museum. Eine Ausstellung dokumentiert hier des Dichters Flucht ins thüringische Asyl und seinen Aufenthalt

IN DEM 300-SEELEN-DORF IST ES DER WALDBODEN, **DER DIE WELT BEDEUTET.** FÜR DAS THEATER LÄSST MAN IN BAUERBACH ALLES STEHEN UND LIEGEN

Was den Oberammergauern Jesus und Judas, sind den Bauerbachern Tell und Moor.

Oder Johanna. Die kommt ein wenig verspätet zur Probe mit dem Auto, doch fast aufs Stichwort. „Das Mädchen!“, ruft ein junger Mann, der ein gelbes Reclam-Heftchen in der Hand hält, noch ins Leere. Und außer Atem findet Katja Lüdicke, die die Jungfrau von Orleans spielt, sofort drohend in ihren Text: „Du bist des Todes!“ Nette Begrüßung.

Es ist auch noch kalt an diesem Abend im Theater. Die wenigen Schauspieler, die sich zu einem Szenen-Durchlauf eingefunden haben, wirken in der Dämmerung wie ein verschworener Haufen: Man raunt sich Sätze zu, die der dichte Wald ringsum schluckt – so muss es gewesen sein, als Schiller seinen Freunden auf einer versteckten Lichtung erste Proben seiner Dichtungen vortrug. „Johanna“, „Talbot“ und „Lionel“ tragen heute dicke Jacken und mühen sich mit den französischen Namen ab, an ein freies Spiel ist kaum zu denken, der Text sitzt noch nicht. „Früher“, sagt Regisseur Peter Kunath, „wurden die Rollen im Winter gelernt. Und wenn der Schnee geschmolzen war, konnten die Bauerbacher sie auswendig. Heute haben die Leute einfach nicht mehr soviel Zeit.“ Sonia Lüdicke, die die Königin Isabeau spielt, kommt mit der Situation noch am besten zurecht. Sie ist eine der dienstältesten Darstellerinnen des Laientheaters, war schon die Millerin in „Kabale und Liebe“, die Amalia in den „Räubern“. In den Wochen vor den Festspielen ist die leibliche Mutter der diesjährigen „Jungfrau von Orleans“ aber so richtig im Schiller-Stress: Nachmittags führt sie Besucher durch das Schiller-Museum, erklärt geduldig, wie der Dichter in den beiden kleinen Räumen, die man ihm überließ, wohnte, und ärgert sich, dass auch Neuverfilmungen von Schillers Biografie das kleine Bauerbach übergehen: „Es war doch die existentiell wichtigste Zeit für ihn.“ Ein Leben für Schiller – da nimmt Sonia Lüdicke auch die Proben-Bedingungen unter freiem Himmel in Kauf.

Solche Idealisten allein aber können nicht für den Fortbestand des Dorftheaters garantieren und Regisseur Kunath ist froh, dass sich in diesen Zeiten überhaupt genügend Darsteller finden lassen: „Die Sorge um den Job hat hier in der Gegend, wo die Arbeitslosigkeit sehr hoch ist, Vorrang. Die Leute stehen unter einem enormen psychischen Druck. Da ist es schwierig für sie, sich in der spärlichen Freizeit auch noch auf die Schauspielerei einzulassen.“

Vor gar nicht langer Zeit war das noch ganz anders: In der DDR galt das unter anderem mit dem „Vaterländischen Verdienstorden in Silber“ ausgezeichnete „Arbeiter- und Bauern-Theater“ als Vorzeigeprojekt, die Bauerbacher

HIER SCHRIEB SCHILLER „KABALE UND LIEBE“.
THÜRINGENS THEATER SIND
DAS ERBE UND DER GRÖSSTE ERFOLG
DER ALTEN KLEINSTAATEREI

Große Tragödien erfordern großen Einsatz – auch bei den jungen Bauerbachern: Für den Aufmarsch der französischen Soldaten braucht es die komplette Dorfjugend

rissen sich um die Rollen: In Spitzenzeiten, 1962 etwa, spielten unter anderem „57 Arbeiter, 26 Genossenschaftsbauern und Traktoristen, 3 Angehörige der bewaffneten Kräfte ...“. Zu den Schiller-Festspielen im Sommer strömten die Zuschauer aus der Republik ins sonst nur schwer zugängliche Sperrgebiet am Grenzrand, sogar Westbürger durften einreisen. Für die Ortsansässigen war das nicht nur ein Kulturfest, sondern vor allem eine willkommene Zeit, Besuch zu empfangen: Oft war Schiller Alibi für minutiös geplante Familienzusammenkünfte. Das Dorf platzte aus allen Nähten, der Staat wurde misstrauisch: Nach Bauerbach führte nur noch eine Strasse, Kontrollpunkte wurden eingerichtet, der Ort im Tal war hermetisch abgeriegelt. Auf den Hügeln ringsum versteckten sich zur Festspielzeit Hundertschaften von Soldaten und bewachten die Gegend mit Gewehren im Anschlag. Schillersche „Freiheit“ herrschte hier nicht und aus dem „Tell“ wurde der Satz von dem „einzig Volk von Brüdern“ gestrichen ...

Aber Schiller war ja auch keine DDR-Erfindung und in Bauerbach spielte man ihn sowieso schon seit 1905. Zunächst mit Schülern, dann kamen richtige Schauspieler vom Meininger Theater, seit 1959 ist es die Bevölkerung, die sich der Dramen annimmt. Auf alten Amateurfilmen sieht man Heerscharen von Statisten, die sich auf der Szene drängen: Frauen, Männer, kleine Kinder und Greise in historischen Kostümen bejubeln den Rütli-Schwur, formieren sich zur Räuberbande; wer nicht spielte, besorgte die Technik oder bewirtete die Gäste. So ist das heute noch. Schiller dankte es schon mal vorab in einem Brief von 1783: „Bauerbach ist gewiß keine Barberei. Ich habe schon manche Feinheit an den Leuten entdeckt, die mir um so schätzbarer war, je weniger ich sie der rohen Natur zugetraut hätte. Vielleicht sind diese Menschen von den übrigen sich besser dünkenden nur wie die Gipsfigur von dem Gemälde zu unterscheiden.“

Heute ist der Ort herausgeputzt, wie gemalt, die alten Häuser sind renoviert, die Gärten dekoriert, als wolle man einen Schönheitswettbewerb gewinnen, Horden von Gartenzwergen grüßen grinsend. Seit der Wende setzt man hier ganz auf Kulturtourismus. In Bussen werden die Besucher schubweise herangebracht, auf der Naturbühne klassisch unterhalten, selbstbewusst durch das Schiller-Museum geführt und stilecht verköstigt im Gasthaus „Zum braunen Roß“, wo der Dichter beim überstürzten Aufbruch im Juli 1783 die Zeche prellte – unter anderem 145 Eier und vier Eimer Bier. Wer den Wirt fragt, darf sogar mal auf der garantiert echten Schiller-Bank sitzen. Im Museum, das zur Stiftung Weimarer Klassik gehört (und dessen Zukunft nicht gesichert scheint), muss man dagegen die originalen Objekte aus der Zeit von Schillers Aufenthalt suchen: zeittypische Möbel und Bilder in den kleinen Zimmern sind von überall her zusammengetragen, vermitteln lediglich die Atmosphäre, in der der Exilant sich anscheinend so wohl und befreit fühlte: „Nunmehr bin ich in der Verfassung, ganz meiner Seele zu leben. Da ich alle Notwendigkeiten und auch die Bequemlichkeiten habe, so habe ich eine Zeitlang für nichts zu sorgen, als mich zu einem großen Plan vollends anszubilden. Diesen Winter seh ich mich genötigt, nur Dichter zu sein ...“ Immerhin – das Bett ist von damals steht noch, es ist 1,80 Meter kurz. Der groß gewachsene „Schiller schlief im Sitzen“, behauptet die Führerin.

Und zum Dichter wurde er ja nun wirklich hier in Bauerbach. „Kabale und Liebe“ vollendete er, den „Don Karlos“ schrieb er zügig fort. Daneben fand er sogar noch Zeit für Herzensangelegenheiten. Ob er sich nun allerdings in Henriette von Wolzogen, die Gönnerin und Besitzerin seines Asyls, oder doch in deren Tochter verliebte, darüber streiten manche Gelehrten. Schiller selber drückt sich in seinen Briefen um eine eindeutige Zuneigung.

Dafür wurde er später leider umso deutlicher, was sein Verhältnis zu dem kleinen Bauerndorf in Thüringen anbelangt: „Ich war also wieder in der Gegend, wo ich von 82 bis 83 als ein Einsiedler lebte (...) Jetzt, nach fünf Jahren, kam ich wieder, nicht ohne manche Erfahrungen über Menschen, Verhältnisse und mich. Jene Magie war wie weggeblasen. Ich fühlte nichts.“

Die heutigen Bauerbacher nehmen diese Distanzierung gelassen: „Dem Manne kann geholfen werden“, steht an einer Hauswand und gemeint ist, dass sie Schiller auch in Zukunft (nicht ganz uneigennützig) nicht im Stich lassen werden. Selbst wenn der sagte, sein Aufenthalt hier sei wohl „nur eine schöne Laune“ seines Schicksals gewesen. □

Bernd Noack *lebt in der Nähe von Nürnberg als freier Autor und Theaterkritiker.*
Hardy Müller, *Fotograf aus Ludwigshafen, war beeindruckt von dem Engagement der Dorfbewohner.*

MERIAN TIPP Thüringer Bühnen

Die reiche thüringische Theaterlandschaft geht auf die Jahrhunderte dauernde Kleinstaaterei zurück, die wirtschaftlich und politisch nicht unbedingt förderlich war, aber eine Aufsehen erregende kulturelle Produktivität in den vielen verschiedenen Residenzen hervorgebracht hat. Heute verfügen in Thüringen immer noch neun Städte über eigene Bühnen mit festen Ensembles – also etwa alle 20 Kilometer ein Theater. Das Bundesland mit dem höchsten Kulturetat lässt sich das Angebot viel kosten: Eine Theaterkarte wird im Schnitt in Deutschland mit 90 Euro, hier mit 112 Euro gefördert. Trotzdem diskutiert man auch in Thüringen über Kostenreduzierungen, Spartenschließungen und Verbundlösungen. Die Theater selbst kämpfen um ihre Eigenständigkeit – und vor allem um ihr Publikum. Wenn auch nicht mehr ganz so ungeniert wie im 18. Jahrhundert der Herzog von Sachsen-Hildburghausen: Um sein kleines Hoftheater voll zu bekommen, ging der vor den Aufführungen höchstpersönlich auf Äcker und in Gärten, um seine Untertanen einzusammeln und ins Parkett zu treiben.

Gothaer Ekhof-Theater

im Schloss Friedenstein Festspiele Juni-August mit Werken des 18. Jhs., nur 160 Plätze, funktionstüchtige barocke Bühnenmaschine
(D 4) Gotha, Tel. (036 21) 22 21 38, www.ekhof-festival.de; Di-So 10-16, Sommerhalbjahr bis 17 Uhr

Theater Erfurt

Einer der letzten Theaterneubauten Deutschlands; „DomStufen-Festspiele" mit aufwändigen Open-air-Inszenierungen populärer Musikwerke im August.
**(E 4) Erfurt, Anger 35
Tel. (03 61) 223 31 55
www.theater-erfurt.de**

Stadttheater Hildburghausen

Eines der ältesten frei stehenden Barocktheater Deutschlands, bespielt nur noch von einer Amateurbühne, wird zurzeit renoviert.
Infos: (D 7) Hildburghausen

Die Stadt ist das Theater, und das Theater ist die Stadt: Meiningens Ruf ist seinem monumentalen Bau (1909) geschuldet

Bühne mit Superlativ: Das Ekhof-Theater im Gothaer Schloss ist Deutschlands ältestes ständig bespieltes Hoftheater

Clara-Zetkin-Str. 3
Tel. (036 85) 77 40

Theaterhaus Jena

Junges Ensemble, neue Stücke und wichtige Bühne für die freie Szene gleich neben Schillers Gartenhaus.
**(G 4) Jena, Schillergäßchen 1
Tel. (036 41) 886 90
www.jenaonline.de/theaterhaus**

Meininger Theater

Die Stadt war bis zum ersten Weltkrieg Synonym für Theater und der regierende Herzog ein Bühnenfan. Heute Südthüringisches Staatstheater mit engagiertemSpielplan.
**(C 6) Meiningen, Bernhardstraße 5, Tel. (036 93) 45 10
www.das-meininger-theater.de;
Theatermuseum mit Theaterdeko aus dem 19. Jh., Schloßplatz 1, Tel. (036 93) 47 12 90, Führungen**
Di-So 10, 12, 14, 16 Uhr

Innovative Hinterhaus-Bühne: Der Ort für Jenas „Freie Szene"

Deutsches Nationaltheater und Staatskapelle Weimar

Geschichtsträchtiges Haus, Namensgeber der Weimarer Republik. Goethe war hier jahrelang Direktor.
**(F 4) Weimar, Theaterplatz 2
Tel. (036 43) 75 50, www.nationaltheater-weimar.de**
Kunstfest Weimar „pelerinages" jedes Jahr im Aug., Sept.: Musikfestival mit international renommierten Künstlern, das Theater, Tanz, Literatur, Ausstellungen mit einbezieht.
www.kunstfest-weimar.de

Die Ingenieure von Jenoptik sind Thüringens erfolgreichste Erfinder: Endjustierung eines Lasers, der für Großbildprojektionen, für Simulationen von Luftkämpfen und in Planetarien eingesetzt wird

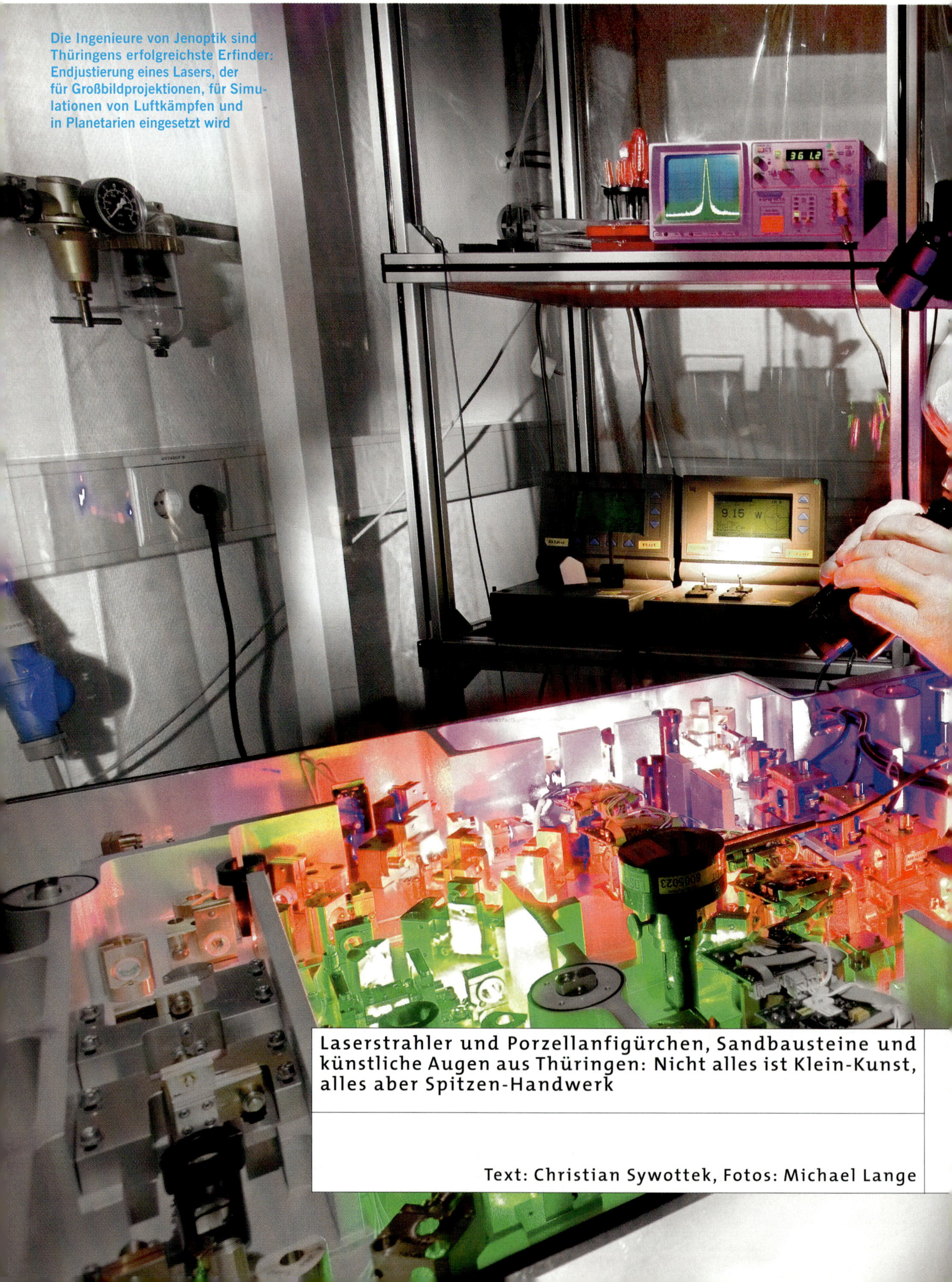

Laserstrahler und Porzellanfigürchen, Sandbausteine und künstliche Augen aus Thüringen: Nicht alles ist Klein-Kunst, alles aber Spitzen-Handwerk

Text: Christian Sywottek, Fotos: Michael Lange

Die Maß-Arbeiter

Optische Werke, Labor Jenoptik GmbH in Jena	www.jenoptik.de

LICHT-Lenker

Licht. Nun ja. Tagsüber ist es da, und nachts eben nicht. Die Glühbirne verhindert, dass wir zu später Stunde über unsere Möbel fallen. Oder mit dem Auto gegen den nächsten Baum rasen.

Doch Licht ist viel mehr als Helligkeit. Licht schneidet und bohrt, misst und projiziert, schreibt, transportiert auch Informationen. Licht ist ein Alleskönner – wenn man es zu bündeln versteht, wie die Leute bei Jenoptik in Jena.

Licht erzeugen, formen, mit Informationen füllen, lenken, nutzen – Jenoptik pusselt nicht an Glühlampen herum, sondern an leistungsstarken Lasern. An elektromagnetischer Strahlung also, gestopft mit Energie, die irgendwohin muss.

Am besten mitten hinein in den Alltag: Die Schrift auf der EC-Karte, die moderne Netzhaut-Operation, die Löcher im Getränkekarton, die Lightshow beim Konzert – alles gelasert.

In Peking betrachten die Chinesen dank der Lasertechnik aus Jena den Sternenhimmel gestochen scharf und unverzerrt im Kugelplanetarium. Und wenn sie wollen, lassen sie auch noch ein dreidimensionales Raumschiff haarscharf durch die Luft über ihren Köpfen pfeifen. Deutsche wie amerikanische Kampfpiloten üben in Simulatoren den Tiefflug.

In Werkshallen verborgen, ersetzt das Jenaer Licht diverse Fräsen, Sägen, Bohrmaschinen. Es schweißt Autokarosserien zusammen oder trennt Blech. Votan, so heißt ein anderes Universalwerkzeug aus reiner Energie, fräst, trennt, schweißt und perforiert alles mögliche, was in seinen Bannstrahl gerät: Leder, Stoff, Glas, Plastik, Keramik und Karton. Man sollte Votan besser nicht in die Quere kommen.

1 Büchsenmachermeister Helmut Adamy kontrolliert einen Drillingslauf. **2** Dass die Suhler perfekte Handwerker sind, erkennt man an ihrer Werkbank. **3** Suhl ist die Stadt der Büchsenmacher: Nur hier können Fachschüler ihr Handwerk erlernen

Adamy Jagdwaffen in Suhl | www.adamy-jagdwaffen.de

BÜCHSEN-Macher

Bei Kindern dauert es neun Monate, bis sie zur Welt kommen. Die Drillinge und Vierlinge von Helmut Adamy in Suhl brauchen länger – bei ihnen geht gut und gern mehr als ein Jahr ins Land.

Adamy hat viel Arbeit mit ihnen. Drei Läufe muss er bei Drillingen auf den Holzschaft setzen, vier bei den Vierlingen. Adamy ist Büchsenmacher, doch unter seinen Händen entstehen keine simplen Schießprügel. Es sind Jagdgewehre nach Maß, von meisterhafter Präzision.

Seit 1563 bauen die Suhler ihre renommierten und begehrten Bockbüchsen, Bockflinten, Bockbüchsflinten und Bergstutzen. Schlank und „führig" müssen sie sein, also gut in der Hand liegen, damit Kimme und Korn schnell das Ziel erfassen. Und weil jeder Schütze ein Individuum ist, werden bei Adamy ausschließlich Einzelstücke hergestellt, die nur bekommt, wer sich zur Anprobe nach Suhl aufmacht. Selbst aus den USA, der Schweiz und Finnland reisen die Grünröcke an. Die gehören zu einem erlauchten Kundenkreis – denn mehr als 30 Gewehre im Jahr baut Adamy nicht.

Mehr ist bei den Qualitätsansprüchen auch kaum zu schaffen. Gute Suhler Graveure sind ein halbes Jahr ausgebucht, und wenn sie auf dem Systemkasten des Gewehrs Jagdgeschichten erzählen sollen, statt nur einfache Arabesken hineinzukerben, dauert das eben.

Natürlich klopft kein Suhler Büchsenmacher heute noch den Stahl um eine runde Form und zieht einen Lauf daraus. Doch individuell perfektionierte Teile in Handarbeit zu einem Gewehr zu montieren, ohne dass der erste Schuss nach hinten losgeht – dafür bürgt bei Adamy (gegründet 1820) bereits die siebte Generation. Für den Expertennachwuchs sorgt die Berufsfachschule in Suhl, die einzige in Deutschland für Büchsenmacher.

Augenprothetik Lauscha GmbH in Lauscha

www.augenprothetik-lauscha.de

GLAS-Designer

Es gehört mit zum Schlimmsten: durch Unfall oder Krankheit ein Auge zu verlieren. Aber auch: die Blicke der anderen zu spüren, wenn sie in ein entstelltes Gesicht schauen. Für ein gesundes Auge gibt es keinen Ersatz. Wohl aber Hilfe, um wieder so auszusehen wie vor dem Verlust: mit Hilfe künstlicher Augen aus Glas – etwa von der Augenprothetik Lauscha GmbH.

10 000 individuelle Kunstaugen aus weißlichem Kryolithglas fertigen die Ocularisten der Firma pro Jahr. In Handarbeit, wie schon zu Zeiten des Lauschaers Ludwig Müller-Uri, der 1835 das erste Glasauge in Deutschland schmolz.

Etwa 120 000 Menschen in Deutschland leben mit künstlichen Augen. Und weil kein Auge dem anderen gleicht, ist es bei den Glasaugen nicht anders. Unmengen verschiedener Rohformen halten die Lauschaer Prothetiker, Ocularisten genannt, vorrätig, und noch mehr verschiedene Augenfarben – das neue muss schließlich zum verbliebenen Auge passen, in Farbe, Größe, Wölbung.

Die Ocularisten bilden Iris und Äderchen mit farbigen Glasfäden nach, blasen Luft in den über der Propangasflamme erhitzten Rohling, um beim Herauslassen die exakte Form für die Augenhöhle zu bestimmen. Zwei Stunden braucht ein Ocularist für die Herstellung eines Kunstauges – aber mindestens sechs Jahre dauert die Ausbildung.

Glasaugen aus Lauscha machen Menschen wieder ansehnlich, auch in Ländern der Dritten Welt. Von dort reist zwar niemand zur Anprobe nach Thüringen, dafür exportieren die Prothetiker ganze Kollektionen nach Afrika und Asien. Natürlich in braun.

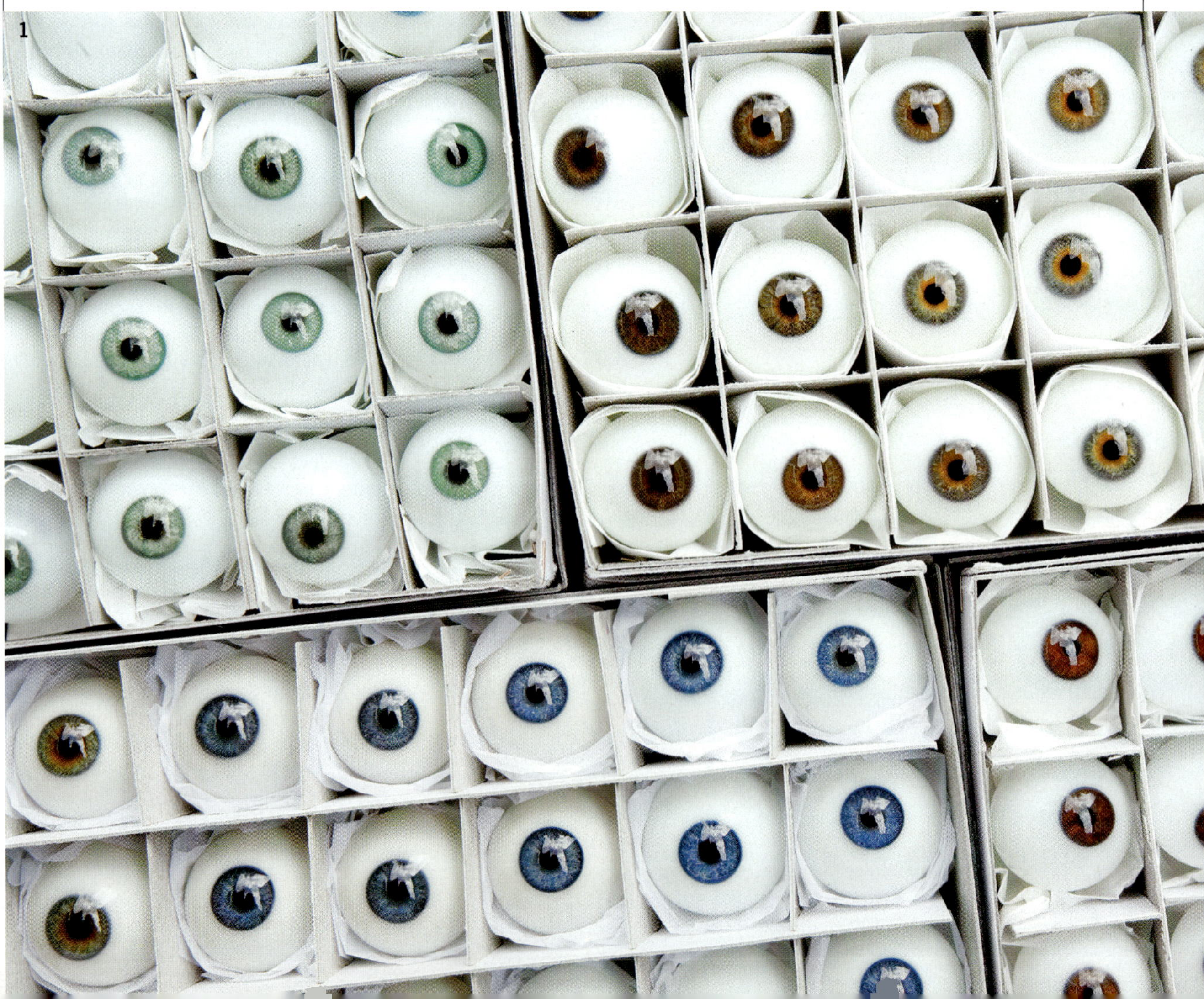

1

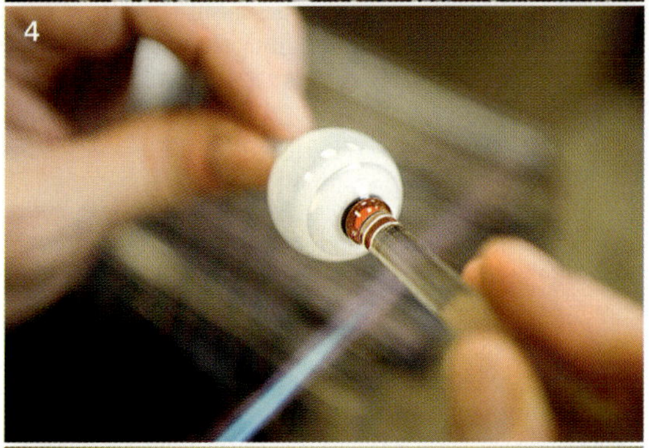

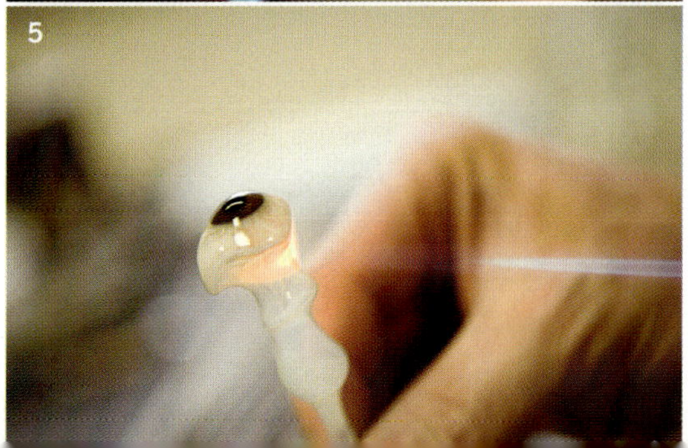

1 Aus der Kollektion der halbfertigen Augenprothesen wählt der Patient das Modell, das in den Details wie Iris, Äderchen, Färbung des Augenkörpers noch nachgearbeitet wird. **2** Andreas Müller-Uri, Prothetiker in der fünften Generation. **3** Glaszeichenstäbchen und Halbfabrikate. **4** Auf den Rohling wird die Hornhaut aufgetragen. **5** Bearbeitung des Glasauges im Endstadium: Mit der blauen Flamme wird der Prothese die richtige Form gegeben, dann die „Handhabe“ abgetrennt

Arnold AG in Steinbach-Hallenberg

www.arnold.de

KUNST-Handwerker

Künstler haben's ganz schön leicht. Sie sitzen in ihren Ateliers und können sich tolle Objekte ausdenken. Noch größer, noch feiner, noch mehr liebevolle Details. Aber Künstler haben's auch ganz schön schwer. Wenn aus ihrer Idee Wirklichkeit werden soll, benötigen viele Hilfe. Nicht jeder kann zum Beispiel schweißen.

Die Metallbauer, Schlosser, Schweißer und Lackierer der Firma Arnold in Steinbach-Hallenberg stehen Künstlerhänden bei. Sie bauen meterhohe Sahnebaisers aus Aluminium, 500 Kilogramm schwere Tulpenblüten und menschengroße Herzen aus Edelstahl, straßenlampenhohe, metallene Spiegelbäume – sie bauen eigentlich alles, was sich ein Künstler ausdenkt.

Der Amerikaner Jeff Koons etwa möchte riesige Edelstahleier haben, die aussehen wie in Alupapier gewickelt. Mit Werkzeugen so klein wie Wattestäbchen schleifen die Mitarbeiter von Arnold dann monatelang an den Eiern herum. Ein ausgeklügeltes Rotationssystem verhindert, dass die Handwerker dabei durchdrehen. Schließlich müssen sie die Eier auch noch bis zu 14 Schichten fein lasieren und danach ein paar Wochen polieren, per Hand.

Bei Arnold gibt es keine Kunst von der Stange und deshalb kommen die Aufträge inzwischen ganz von allein rein. Selbst Kunstwerke zu entwerfen – bei Arnold in Steinbach-Hallenberg käme kein Mensch darauf. Dort meinen sie, sie seien ja nur das Handwerkszeug der Kreativen. Nur?

1 Die Kunst der Oberfläche: „Colouring book", eine Großskulptur des amerikanischen Künstlers Jeff Koons erhält vom Lackiererteam einen Überzug aus transparenten Farben, die ansatzlos aneinanderstoßen. **2** „Baroque Egg" von Jeff Koons wird poliert. **3** Millimetergenaue Feinpolierung – für die ganze Skulptur braucht es 16 000 Stunden. **4** Erste Schleifarbeiten an „Hanging Heart" von Jeff Koons. **5** Nach dem Trocknen wird die Folie von „Colouring book" mit Pinzette und Skalpell entfernt

4

5

Anker Steinbaukasten GmbH in Rudolstadt

www.ankerstein.de

STEINZEIT-Fans

Wer auf Sand baut, hat meistens nichts zu lachen. Wer aus Sand baut, dem treibt es mitunter die Freudentränen in die Augen. Das erleben die Mitarbeiter der Anker Steinbaukasten GmbH immer wieder, wenn ihre Fans in die Fabrik nach Rudolstadt pilgern und hier ganz besondere Bausteinchen in die Hand nehmen.

Sie fassen sich richtig samtig an, diese Klötzchen, gerührt und gepresst aus nichts anderem als Quarzsand, Kreide – und Leinöl. Das riecht so typisch, dass echte Kenner sogar das Herstellungsjahr erschnuppern können. Selbst die ersten Steinchen von 1882 duften noch. Weil er so schwer ist, ist ein Ankerbaustein ein wahrer Ankerbaustein. Mit ihm lassen sich derart hohe Häuser bauen, dass Architekten noch heute damit ihre Statikprobleme durchspielen.

1963 würgten die DDR-Oberen die Produktion ab, weil sie meinten, die Welt müsse künftig aus Plaste bestehen. Formen und Pressen wurden geschreddert, die restlichen Steinchen landeten auf der Müllkippe. Nur das Klötzchen-Rezept überlebte die DDR.

Und die Liebe zum Ankerstein, wenn auch der Berliner Anker-Fan Georg Plenge nach der Wende länger als zwei Jahre experimentieren musste, bis er das Rezept von 1880 umsetzen konnte. Plenge sei dank gibt es seit 1995 wieder Ankersteine aus Rudolstadt. Rund 700 verschiedene Klötzchen in unterschiedlichen Formen, Farben, Größen, aufgeteilt in 13 Baukästen, exakt wie schon bei Firmengründer Friedrich Richter. Gut eine Million Ankersteine verkaufen die Thüringer jedes Jahr, sogar in die USA und nach Südkorea. Und sorgen damit für ein bisschen mehr Spaß auf der Welt.

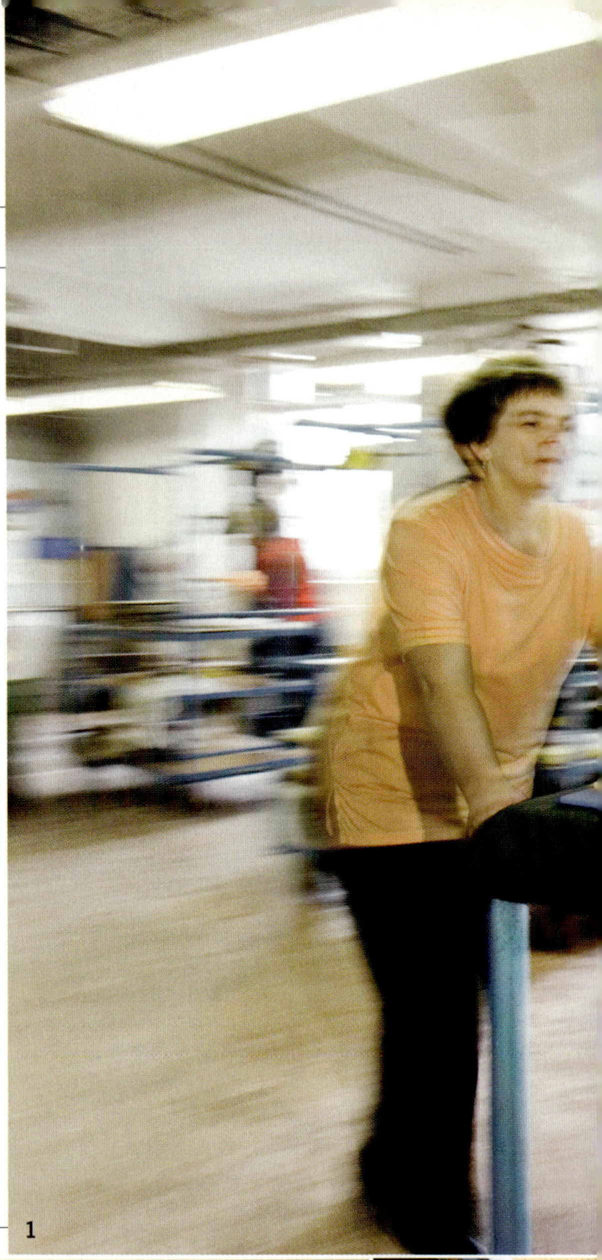

1

2

3

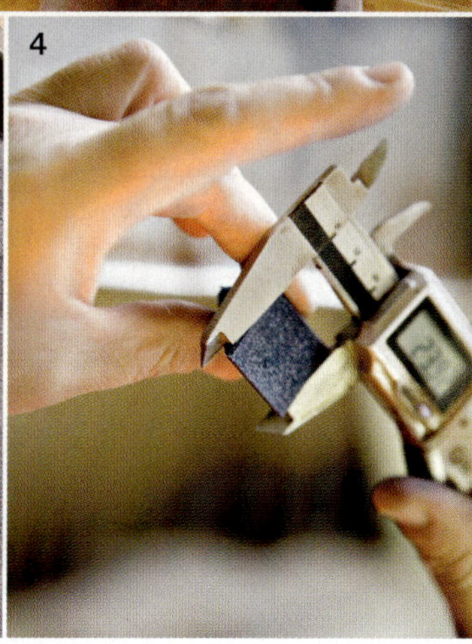

1 Aus Sand gebaut: Venedigs Markusplatz mit Campanile aus Ankerbausteinen. **2** Es sind (Dach-)Steine, die wirklich noch Steine sind! **3** Produziert werden sie aus Quarzsand, Kreide, Leinöl, Farbpigmenten, dann in die jeweilige Form gepresst, bei 120 °C getrocknet und **4** mit der Schublehre einer millimetergenauen Kontrolle unterzogen. **5** Von den unendlich vielen Varianten des Bausteinangebots ist der „Grundkasten 4“ eine: Er enthält 55 Steine

Porzellanmanufaktur
Rudolf Kämmer in Rudolstadt

www.porzellankaemmer.de

MALER-Meister

Nippes, Staubfänger, überladenes Zeug, das nicht mal einen Spülmaschinengang aushält – für viele Menschen passt traditionelles Porzellan nicht mehr in die Zeit.
Wer so urteilt, hatte wahrscheinlich noch kein Stück richtig gutes Thüringer Porzellan von Erhard Kämmer in den Händen. Nichts da mit grob gehauenem Zierrat oder schlampig draufgepinselten Farben wie bei der Industrieware aus Irgendwo. Wozu ist Kämmer denn ausgebildeter Porzellanmaler wie sein Vater, wie sein Großvater.
In der Porzellanmanufaktur Kämmer in Rudolstadt entstehen kleine, weiße Kostbarkeiten. Bis zu 30 Einzelteile bosselt der Bossierer zu vielarmigen Leuchtern zusammen, bis zu vier Farbschichten tragen die Porzellanmaler auf mit feinem Strich – auf die Figur vom Alten Fritz, auf den Mops mit seinem Welpen, auf muschelförmige Gebäckschalen, auf rosenverzierte Messerbänkchen. Das verkauft sich gut, in Deutschland, Österreich, England und sonstwo, auch der schottische Ex-Colonel kriegt seinen maßgefertigten Highlander mit Dudelsack.
Kämmer könnte sich ausruhen auf einem Modellschatz von 3000 Formen aus 150 Jahren Firmengeschichte. Wäre aber langweilig. Dafür verzichtet er mal auf zu viele knospende Rosen, formt und zeichnet lieber Apfelblüten und Nelken, dicht und füllig. Färbt das Material ganz vornehm Ton in Ton, grün oder blau. Oder er lässt alle Farbkunst weg und brennt schlichte, weiße Teedosen.
Kaolin-Ton, Quarz und Feldspat, mehr wird nicht benötigt, denkt der Laie. Aber schönes Porzellan heißt nicht umsonst „weißes Gold". Und dafür braucht es große Chemie und eine jahrelange Ausbildung. □

1 Der Alte Fritz ist eine der kostbaren Figuren der 150 Jahre alten Manufaktur Kämmer in Rudolstadt.
2 Schiller-Büsten gehen besonders gut im Schiller-Jahr: 1500-2000 Stück

Das Glück liegt in der Nähe. Mehr dazu in unseren Katalogen,
im TUI Reisebüro oder unter www.tui-autoreisen.de
fühl dich
TUI
Deutschland
www.tui-autoreisen.de
H29

Tüfteln ist

TEXT: CHRISTIAN SYWOTTEK

In Altenburg wurde das Skatspiel erfunden, gibt es das Skatgericht, das Skatmuseum

Die Welt des Gerd Matthes ist 59 Millimeter breit und 91 Millimeter lang. Seine Welt ist flach und sie ist ein Spiel. Hier wiegt ein Quadratmeter 320 Gramm, für die Bayern auch mal 420 Gramm, denn die sind ein bisschen ruppiger, und die flache bunte Welt darf ja nicht kaputtgehen, wenn man sie auf den Tisch kloppt.

In Matthes' Welt der Spielkarten leben Männer und Frauen in verschiedenen Farben, aber im Innern ist sie schwarz: Eine feine Asphaltschicht verbirgt sich unter der weißen Oberfläche, denn Matthes muss seine Karten zusammendrücken können, und wenn er die beiden Enden loslässt, müssen sie zurückschnippen, so dass die Welt wieder die alte ist.

Gerd Matthes, 48, erschafft diese kleinen Welten jeden Tag neu. Er ist Produktentwickler in der Spielkartenfabrik Altenburg, seit 25 Jahren.

Spielkarten, Skatkarten. Bier trinkende Männer in verräucherten Hinterzimmern reizen sich nach den immer gleichen Regeln. Das ist nur ein Teil der Altenburger Spielkartenwelt. „Karten sind ja viel mehr als ein einfaches Skatblatt", sagt Matthes und erzählt von vergoldeten Karten, runden und birnenförmigen, solchen, die im Dunklen leuchten, die riechen, wenn man sie reibt. Von Karten mit Fingermalfarben, mit Schlitzen zum Zusammenstecken, von Karten aus Leder, Leinen und Elfenbein.

Ein kleines Rechteck und seine unendlichen Möglichkeiten – rund 650 Spiele gehören heute zum Sortiment der Spielkartenfabrik Altenburg – bei weitem nicht nur Skatblätter. Als die Gebrüder Bechstein die Firma 1832 gründeten, beschränkten sie sich noch auf die üblichen deutschen und französischen Blätter. Das passte zu Altenburg, schließlich erfanden hier einige Jahre zuvor die örtlichen Honoratioren das Skatspiel. Heute basteln 141 Mitarbeiter am (vielleicht) variantenreichsten Vergnügen der Welt. Rund 40 Millionen Kartensets verlassen jedes Jahr ihre Fabrikhalle, ein Viertel davon sind Skatkarten.

Spielkartendruck ist nicht einfach. Den Buben und Damen etwa ihre fein ziselierten Brauen aus vier verschiedenen Farben übers Auge zu drucken, ohne dass sie einen verschleierten Blick kriegen, das muss man erst mal können! Auf der Rückseite beträgt die Toleranz beim Rand einen halben Millimeter, sämtliche Karten müssen farblich absolut identisch sein – für die Mitspieler sollen schließlich alle gleich aussehen! Gedruckt wird heute elektronisch auf modernen Maschinen. „Aber ein Ferrari nützt Ihnen auch nichts, wenn Sie ihn nicht fahren können", sagt Matthes und zerrt neben den drei Drucktrassen einen Stapel Kartenkarton hervor. „Damit fängt's nämlich schon an."

Zwei Lagen Zellstoff, Leim, innen die schwarze Schicht, außen beidseitig ein Kreidestrich, alles schön fest gewalzt – das ist die Grundlage jedes Kartenspiels. Matthes erinnert sich an DDR-Zeiten, als Material knapp war, die Fabrik mit Zellstoff aus rumänischem Schilf arbeiten musste, so hubbelig, dass er die Druckmaschinen regelmäßig zum Stillstand zwang.

Noch heute birgt das Material seine Tücken. Feuchtigkeit und Temperatur bringen es in Wallung. Die kleinste Welle aber macht den Figuren verschwommene Gesichter – Ausschuss. Doch die Altenburger haben den Bogen raus, sie lagern die Kartons tagelang direkt neben den Maschinen zum Akklimatisieren. Die Drucker sind allesamt seit Jahren im Geschäft, mit scharfem Auge und sicherer Hand.

Skatspieler sind gnadenlos. Schieben, drücken, dreschen – sie wollen es krachen lassen. Schön griffig müssen die Karten sein, aber trotzdem gut rutschen. Schwappt Bier drüber oder Soße, nässt warmer Handschweiß die Karten durch – die Farbe soll halten auf stets festem Karton. Man muss Krümel mit ihnen vom Tisch fegen können, ohne dass die Karten knicken.

Wie erkennt man eine gute Spielkarte? „Irgendwelche Eigenschaften messen?", winkt Matthes ab, „das können Sie vergessen." Kein Labor kann einen schweißtreibenden Skatabend in der Kneipe simulieren. Ihre Rubbel-Rüttel-Klopf-Maschine haben die Altenburger daher wieder eingemottet. Stattdessen geben sie ihre neuen Karten Altenburger Skatbrüdern zum Testspielen.

Beim Skatkarten-Examen ist zumindest eines sicher: Sie müssen so aussehen wie immer. „Skatspieler sind sehr konservativ." Gerd Matthes sucht nach immer neuen Möglichkeiten für das uralte Medium. Da ist er in Altenburg gerade richtig: Als einzige Spielkartenfabrik in Deutschland machen die Thüringer alles selbst – von der Idee über die Graphik hin zum Druck bis zum Verkauf. Also denkt und malt und klebt er neue Prototypen. Und bedenkt, dass seine Karten nicht nur durch starke Männerhände gehen. Denn Skat ist nicht alles, und Karten sind auch ein Kinderspiel. Eines, dem Computerspiele mächtig Konkurrenz machen.

Original Altenburger Spielkarten

1. „Loriot Skat" 2. „A Yellow Submarine" 3. „Politiker" – hier Joschka Fischer 4. „Schwarzer Peter" – Original nach Entwürfen des Altenburger Skatmalers Otto Pech 5. „Deutsche Spielkarte"– eine historische Spielkartenedition, die 1886 vom Verein für das deutsche Kunsthandwerk dem Kronprinzenpaar des Deutschen Reiches zur Silberhochzeit überreicht worden war (Entwurf von Ludwig Burger)

Trumpf

katturniere und -kongresse. Und die Spielkartenfabrik, die immer neue Karten aus dem Ärmel zieht

Was kann Matthes also den Kleinen Neues bieten? Vergrößern kann er die Karten kaum, sonst passen sie nicht mehr in Kinderhände. Dicker können sie auch nicht werden, man muss sie schließlich mischen und stapeln können. Und alles mit hübschen Details auszumalen, ist auch keine Lösung. Wer den Fächer in der Hand hält, sieht eben nur die Ecke links oben. „Spielkarten sind schon ein sehr kleines Betätigungsfeld", stöhnt Matthes, „da muss man ganz schön knapsen."

Aber jedes Ding hat zwei Seiten, auch die Spielkarte. Beim „Mainzelmännchen-Memory" etwa ist der Tüftler auf die Rückseite ausgewichen. Das ist Arbeit an der Fassade. Doch ein guter Kartenerfinder muss auch ins Innere des Spiels vordringen. Wie beim „Mau-Mau": Das ist so simpel, was soll man da noch machen? Zum Beispiel das Spiel mit neuen Regeln und den passenden Befehlskarten erweitern: Richtungswechsel, Kartentausch, 4 Ziehen. „Das gibt den besonderen Kick", sagt Matthes.

Den braucht es, will man heutzutage im Spielkartengeschäft bestehen. Osteuropäische Billighersteller drängen auf den Markt, auch chinesische Raubkopierer sind starke Konkurrenten. Zwar stechen die ohnehin preisgünstigen Spielkarten in Zeiten klammer Brieftaschen teurere Vergnügen leichter aus, aber großes Wachstum lässt sich in Zukunft mit ihnen nicht erwirtschaften. Neue Karten müssen her.

Das ist die Sache von Peter Warns, 44, der seit 2003 Geschäftsführer der Spielkartenfabrik Altenburg ist. Auch so ein Verrückter. Warns war Unternehmensberater in Brasilien, Japan und den USA, handelte mit Elektroartikeln, später verschiffte er tropische Säfte aus Asien. Als das nicht mehr lief, ging er nach Altenburg. „Spielkarten haben eine Seele", freut er sich.

Warns will den Werbemarkt aufmischen mit seinen Karten. Drei Milliarden Euro ist der schwer in Deutschland, jedes Jahr. Von den 22 Millionen Euro Jahresumsatz, den die Spielkartenfabrik zuletzt schaffte, stammen nur sechs Millionen aus dem Geschäft mit Werbegeschenken. Das soll sich jetzt ändern.

Die Rechnung ist einfach. Spielkarten kommen nicht viel teurer als die üblichen Kalender oder Kugelschreiber. Aber es passt viel mehr drauf. Ein Kartenspiel mit Faltschachtel bringt so viel Werbefläche wie sechs Din-A4-Seiten, hat Warns gezählt. „Und wer etwas spielerisch mitkriegt", meint er, „der merkt sich das auch."

Es kommt nur drauf an, was drauf ist. Doch bedruckte Rückseiten sind für Warns eine gute, aber noch lange nicht die ultimative Sache. Das Spiel selbst soll zur jeweiligen Firma passen. Um zu zeigen, was geht, ließ Warns eigene Kartenspiele entwickeln. „Snob-Poker" etwa („Mein Haus, mein Boot, mein Pferd"), bei dem jeder mal kräftig aufs Moos hauen darf. Mit „Peter Black" können Bürokollegen den schwarzen Peter unter sich ausspielen. Für „Weltliteratur à la carte" hat der Autor Frank Goosen 30 bedeutende Werke mit Schlagworten auf jeweils einer Karte kurz beschrieben – Bücherfreunde, dann ratet mal los!

„Wir müssen die Karten individualisieren", sagt Warns. Ein Firmenchef könnte den Mitarbeitern ein Skatblatt überreichen und sich selbst als König einsetzen. Oder die Firmengeschichte einarbeiten. Warum sollte ein Blumenhändler nicht duftende Karten verschenken? In Berlin spielen sie Dönerbuden-Quartett. „In der Masse sind Spielkarten noch keine wirklich trendige Sache", sagt Warns, „aber das wollen wir ändern." Die nächste Runde im Spiel mit den Karten ist eröffnet. □

Christian Sywottek, *freier Journalist, hat noch nie Skat gespielt, aber als Kind viele Nächte lang „Krieg und Frieden".*

1

2

3

4

5

Zwischen dem 16. und 19. Jahrhundert war Thüringen ein politischer Flickenteppich. Diese Zerplitterung hatte auch ihre märchenhaften Seiten: Fürsten, Herzöge und Grafen konkurrierten um Glanz und Pracht

Viel Fürst, viel Ehr

Text: Christian T. Schön, Fotos: Marc-Oliver Schulz

Greiz ist der Inbegriff thüringischer Kleinstaaterei: Untergreiz mit dem klassischen Ensemble aus Unterem Schloss (heute Museum), Stadtkirche und Gymnasium gehörte zuletzt zum Fürstentum Reuß, ältere Linie

Schloss Sondershausen, Dianastatue im Riesensaal

Auf dem Weg nach Weimar alles links und rechts liegen lassen. Was stand auf dem Ortsschild? Egal, nie gehört. Plötzlich taucht ein Schloss über den Dächern auf. Es ist riesig, prunkvoll und verträumt zugleich. Die Überraschung wiederholt sich Orte weiter – in Altenburg, in Rudolstadt, in Sondershausen, in Meiningen. Natürlich auch in Weimar: das Residenzschloss, Schloss Belvedere. Machtzentren, die ihre Macht längst verspielt haben, aus einer Epoche, in der Thüringens Fürsten lieber Kultur förderten statt Kriege zu führen. Ein Zeitalter, später golden angestrichen. Deutsche Klassik, Schiller, Goethe.

Dreißig Residenzen und bis zu zwanzig Fürstentümer hat es im Laufe der Geschichte Thüringens in diesem Land gegeben. Denn das einheitliche Gebilde von heute ist noch nicht einmal 100 Jahre alt. Lange prägten Grenzen und Winzlingsterritorien die Landkarte, für die seitdem das F-Wort „Flickenteppich" üblich wurde.

Um dieses Gewebe zu erklären, braucht es einen großen Schritt in die Vergangenheit: Nachdem das Geschlecht der Ludowinger 1247 erloschen war, bestimmten zwischen Werra und Elster die Grafen von Wettin und Schwarzburg wie auch die Reußen. Sie kamen aus Altenburg und Weimar (Wettiner), aus Schwarzburg und dem Dreieck Greiz-Schleiz-Burgk (Reußen). Keines der Häuser errang jedoch jemals die Vormacht – sie regierten praktisch parallel.

Nach einiger Kabale im Hause Wettin teilte sich die Verwandtschaft 1485 in zwei Linien, von der nur eine weiter in Thüringen herrschte: die Ernestiner. Ihr Reich wurde das Stammland der Reformation – hier tauchte Martin Luther vor der Reichsacht unter, schlossen sich auch die protestantischen Fürsten 1531 zum „Schmalkaldischen Bund" gegen Kaiser Karl V. zusammen.

Zwischen 1564 und 1572 trennten sich alle drei Herrscherhäuser in mehrere Familienzweige. Bei den Ernestinern verlief die Zellteilung besonders schnell: Es existierten zeitgleich bis zu zehn Herzogtümer, darunter Sachsen-Weimar, Sachsen-Coburg-Gotha, Sachsen-Meiningen und Sachsen-Altenburg. Einige starben schon nach kurzer Zeit aus.
Teils an ihren Grenzen, teils wie Inseln in ihrem Land lagen die Gebiete der Reußen – aufgepasst! – älterer, mittlerer und jüngerer Linie, sowie die Grafschaften Schwarzburg-Rudolstadt und Schwarzburg-Sondershausen. Minimum! Denn die Erbteilung, die jedem Fürstensohn sein eigenes Reich zugestand, ließ auch sehr kurzzeitige Herrschaften zu – die in Marksuhl, Römhild, Eisenberg, Ebeleben und Keula regierten. Sprichwörtlich sind die „reußischen Verhältnisse", die die Kleinstadt Greiz zur Hauptstadt

> Fortsetzung Seite 96

Der „Blaue Saal" mit Empore im Westflügel. Der 1770 im Stil des späten Rokoko konzipierte Raum wurde von Braunschweiger Stuckateuren verziert

Schloss Sondershausen: Blauer Saal

iana auf der Jagd: Der barocke Riesensaal (26 x 13 m) im zweiten
bergeschoss ist mit 16 gewaltigen Statuen antiker Götter geschmückt

Sondershausen: Schlossberg mit Markt

.837-1839 entstand am Südhang des Schlossberges das eeindruckendste spätklassizistische Architekturensemble Thüringens. 'um Markt hin öffnen sich Schlossterrasse, -treppe und -wache

Der Hauptsaal von Schloss Friedenstein, einer der größten Profanräume seiner Zeit. Menschengroße Allegorien und Fürstenporträts schmücken die Wände

Schloss Friedenstein, Gotha: Thronsaal mit Allegorie des Winters

von gleich vier Familienzweigen machten: Obergreiz, Untergreiz, Rothental und Dölau.

Wo aber ein Herrscher ist, da braucht er auch ein Schloss! Über Jahrhunderte gaben sich darum die Architekten die Baukelle in die Hand, wie man in Altenburg sieht: Auf dem Burgberg stand Mitte des 15. Jh. nach einem Brand lediglich noch eine Kirche. Dann kam ein neues Schloss hinzu. Auf das Schloss folgte der Garten. „Mein Wohnhaus. Mein Teehaus. Meine Orangerie", tönte der Fürst vor seinen Gästen. Obelisken in der Einfahrt und ein Triumphbogen rundeten die Bauerei 1744 vorerst ab. In Nebenresidenzen und kleinen Burgen, die als Jagdschlösser oder Witwensitze fungierten, ist aber auch viel charmantes Fachwerk zu sehen. Ideen holten sich die Thüringer aus Italien und Frankreich – Zölle, Grundzinsen, Abgaben auf Salz und im Bergbau sicherten ihnen die üppige Selbstdarstellung in Stein. Imponieren und repräsentieren war nun mal wichtig, wenn auch nicht alles. In Gotha errichtete Ernst I. Schloss Friedenstein (1643-54) in beinah absolutistischen Dimensionen: Drei und vier Stockwerke hoch, drei Flügel, jeder hundert Meter lang. Der Riesenbau war funktional. Denn in ihm hatte die Verwaltung Platz, in der sich dank Buchdruck immer mehr Papier ansammelte und die mit der Ausbildung des Kanzleiwesens unaufhörlich wuchs – so sehr, dass sogar Bürgerliche in Dienst gestellt wurden.

Zwar wirkt die schnörkellose Fassade von Schloss Friedenstein leicht, aber von oben drücken wuchtige Kuppeln und alles Gewicht liegt auf den dunklen Torbögen, die das Schloss wie eine Fußleiste umfriesen. Ähnlich baute man in der Theaterstadt Meiningen.

Mit ihren ummauerten Fenstern wirkt Schloss Elisabethenburg (1682-92) wesentlich freundlicher und aufgeschlossener. Als Vorbild mag entfernt das Schloss Wilhelmsburg im damals hessischen Schmalkalden gedient haben, wo 1586-90 eine der

Schloss Altenburg: Großer Festsaal

Gotha, Sommerschlösschen Friedrichsthal: Orangerie

Der klassizistische Festsaal gehört wie das Spielkartenmuseum zu den restaurierten Teilen des Residenzschlosses, das aus mehreren Jahrhunderten stammt

Sondershausen: Schlossrestaurant

Nutzen und Bewahren: Vom säulengeschmückten Eingang des Westflügels genießt heute der Restaurantbesucher den Blick auf den Lustgarten

Zum kleinen Sommerpalais Friedrichsthal nahe Friedenstein gehört der Orangeriegarten mit Gebäuden und Treibhäusern. In seinen besten Zeiten gab es hier 3000 Kübelpflanzen – Pomeranzen, Zitronen, Feigen, Lorbeer und Ananas

Meiningen: Schloss Elisabethenburg

Thüringen 1871-1919

Die Blüte der Residenzkultur versteht man nur mit Hilfe der Landesgschichte: Es gab im Lauf der Zeit 30 Residenzen und bis zu 20 Fürstentümer gleichzeitig.

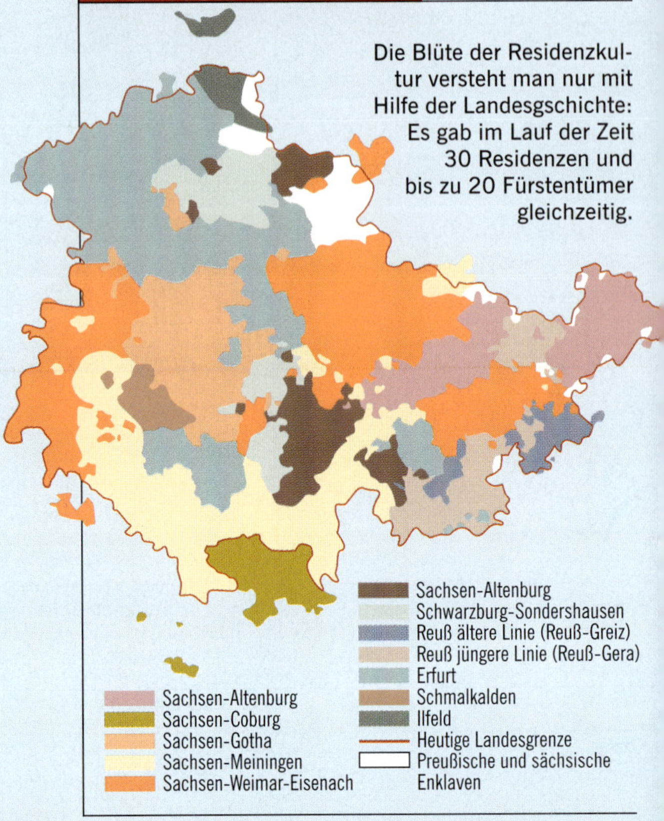

Das Residenzschloss ist außen einfach, aber kraftvoll durch die rote Einfassung der Fenster. Im Gegensatz dazu der Rokoko-Reichtum innen

ersten protestantischen Predigtkirchen Deutschlands errichtet wurde. Nur noch einmal, in Weimar, gönnte man sich Ende des 18. Jh. ein derart Raum greifendes Residenzschloss (1789). In der Kommission, die den Wiederaufbau des abgebrannten Stadtschlosses auf den Weg brachte, saß damals der Geheimrat Johann Wolfgang von Goethe. 1775 war er nach Weimar übersiedelt, wo die Herzogin Anna Amalia eine Art Künstlerkolonie gegründet hatte.

Die Hingabe zu Bildung und Kultur unter den Fürsten war nicht neu und kein thüringisches Phänomen – Bibliotheken, Kuriositätenkabinette und naturwissenschaftliche Sammlungen entstanden allerorts. Aber um Weimar war das Netz der Geistesgrößen dichter als anderswo: Wieland, Herder, Goethe, Schiller lebten hier. Keine Tagesreise von ihnen entfernt, in Gotha der Astronom Franz Xaver von Zach, der Philologe Konrad Duden in Schleiz, die Verleger J. G. Justus Perthes in Gotha und Friedrich Brockhaus in Altenburg. Alexander von Humboldt, Jean Paul, Johannes Brahms und Ernst Haeckel gingen in Thüringen ein und aus. Wenn Dichterfürsten wie Goethe oder Wieland 1808 einen Kaiser Napoleon treffen konnten, hätten diese Herren sich schon aus dem Weg gehen müssen, wollten sie die Begegnung vermeiden.

Die geistige Blüte hatte lange vorher begonnen. Bereits 1558 war in Jena die erste Universität gegründet worden. In Arnstadt setzte Johann Sebastian Bach erstmals den Federkiel zum Komponieren an. Deutschlands erster Kindergarten entstand in Bad Blankenburg. In Gotha etablierte sich eine Verlagslandschaft, die sich auf Kartographien spezialisierte und die 1763 ein Werk hervorbrachte, wie es nur im Lande der Duodezfürsten entstehen konnte: den „Gothaischen Genealogischen Hofkalender“ – kurz „Der Gotha“ genannt. Ein Handbuch des Adels, das die Europäischen Fürsten- und Grafenhäuser bis in die feinsten Verzweigungen auflistet.

Diese keimfreudigen Stammbäume hatten nämlich unter anderem dazu geführt, dass Thüringen politisch keine Rolle mehr spielte. Im Schmalkaldischen Krieg von 1547 büßten die Ernestiner mit der Kurwürde ihren Einfluss im Kaiserreich ein. Für Militär fehlte diesen Ländern das Geld – einige waren so klein, dass man sie in einem Morgenspaziergang durchqueren konnte. Also musste etwas anderes, Tolles, Beeindruckendes her: Der Weg für das Schöngeistige war frei. Literatur und Theater, Musik und Oper, Philosophie und die aufkommenden Naturwissenschaften. Mit Leidenschaft setzten die Herzöge in Weimar, Gotha und Meiningen ihre Akzente. Warben sich gegenseitig Maler, Bildhauer, Baumeister ab. Liehen sich Musiker, Sänger und Tänzer für einen Abend. Neid?

Vielleicht. Aber die Künstler liebten den kleinen Grenzverkehr. Franz Liszt etwa komponierte in Weimar und ließ wichtige Werke wie die „Hamlet-Overtuere“ in Sondershausen urauf-

Greiz, Sommerpalais: Elisabeth-Zimmer

Das Sommerpalais in Greiz ist für seine umfangreiche Bücher- und Kupferstichsammlung berühmt. Und vor allem für die Karikaturblättersammlung, das „Satiricum“

führen. Dort förderten die Schwarzburger die zeitgenössische Musik.

Als „ein Nest, ein sehr kleines Nest“ beschrieb der Komponist Max Bruch dieses Sondershausen. Nur ein „Durchgangsposten“ sollte das Amt des Hofkapellmeisters hier sein. Doch in den drei Jahren prägte Bruch das Harmonie-Korps, aus dem später das berühmte Loh-Orchester hervorging, legte den Grundstein für Sondershausens Ruf als Musikstadt. Das Schloss selbst ist ein Juwel: Von der Renaissance bis zum Rokoko ist alles dran. Markant steht der dreieckige Bau auf dem steilen Berghang.

Glaubensflüchtlinge, Handwerker und Händler siedelten sich überall in Thüringen an. Die Städte wuchsen. Gut ein Viertel der Stadtbewohner diente in der Residenzverwaltung. In den Reußischen Provinzen ließen sich Leinenweber, Tuchmacher, Färber nieder, das Geraer Tuch war berühmt. In Greiz waren die Landesherren gezwungen, in Sichtweite zu bauen: Oberes und Unteres Schoß, dazu noch das Sommerpalais im Grünen. An der Saale begegnet man dem Lust- und Jagdschloss Burgk – von Norden ähnelt es einer Trutzburg, aus den umliegenden Waldhängen einem schlichten Märchenschloss; seine Kapelle rühmt sich einer Silbermann-Orgel.

Am 11. August 1919 unterzeichnete Friedrich Ebert in Schwarzburg die „Weimarer Verfassung“. Sie besiegelte unter anderem das Ende der Duodezfürsten Thüringens. Was von deren Wirken bleibt, ist jedoch mehr als nur Stein: ein lebendiges Kulturgut. Welcher Fürst hätte sich mehr wünschen können? Fast alle Schlösser überstanden das, was anschließend kam: Republik, Krieg, Sozialismus. Heute sind sie frisch renoviert und warten auf ihre Wiederentdeckung. Abseits der Wege, die nach Weimar führen. □

Christian T. Schön, *freier Autor, ist exakt 225 Jahre nach Goethe geboren.* **Marc-Oliver Schulz** *liebt es, das romantische Deutschland zu fotografieren.*

MERIAN|TIPP Klassikerstraße

Zwischen Werra und Saale verbindet die Straße auf 300 Kilometern wichtige kulturgeschichtliche Stätten. Auf dieser Route warten Residenzen, Klöster, Schlösser und Museen. Hier leben die Epochen von Goethe, Schiller, Bach, Liszt und anderen wieder auf.

Adel verpflichtet,

Mehr als 50 große und kleine Adelshäuser stellten seit 1994 RÜCKGABEANSPRÜCHE an das Land – auf Schlösser, Möbel und gar Teile des Goethe-Schiller- Archivs. Und noch immer ist kein Ende abzusehen: So leidet Thüringen selbst im 21. Jahrhundert noch unter seinen vielen früheren Herrschaften

Er hat sie sich so gewünscht, die Postadresse „Schloss Heidecksburg". Ulrich von Schönburg-Waldenburg hat jedoch vergebens um das Wohnrecht in jenem Gemäuer gekämpft, das seine Tante, Fürstin Anna-Luise zu Schwarzburg, bis zu ihrem Tod 1951 bewohnte. Dennoch bleiben in ostdeutschen Ländern wie Thüringen auch anderthalb Jahrzehnte nach der Wiedervereinigung genügend Fälle übrig, in die sich Rechtsexperten lustvoll – und durchaus auch zu ihrem eigenen Gewinn – verbeißen können.

„Grund und Boden": Diese Begriffskombination gilt in Deutschland fast so viel wie „Einigkeit und Recht und Freiheit". In Mecklenburg-Vorpommern, Sachsen-Anhalt, Brandenburg, Sachsen und Thüringen wird heute noch um die Besitzrechte an Äckern, Feldern, Wiesen, Wäldern, aber auch um Porzellan und Gemälde gekämpft, die der Mauerfall urplötzlich wieder strittig gestellt hat. Ein Großteil der Arbeit besteht aus anstrengender, detailreicher Detektivarbeit: Anwälte stecken ihre Nasen tief in Grundbücher, Richter wälzen Dokumente, aus denen ihnen der Staub der Geschichte entgegenkommt.

Das Gezerre um Grundstücke und Gebäude geht zurück auf die Weltpolitik, die in den Jahren nach 1945 die spätere DDR verwirbelt hat. Die deutschen Kommunisten denunzierten Großgrundbesitzer pauschal als „Junker", jagten sie von ihrer Scholle, verteilten das Land an Kleinbauern – und tauften den Coup „Bodenreform".

Die siechende DDR beschloss 1990, diese Praxis nicht in Frage zu stellen. 1994 erließ die Regierung von Helmut Kohl ein Entschädigungs- und Ausgleichsleistungsgesetz, das die „Alteigentümer" nie akzeptieren wollten. Weiter gehende Ansprüche scheiterten jedoch regelmäßig vor deutschen und europäischen Gerichten.

Gütliche Erpressung: Den Sarkophag ihres Vorfahren Heinrich Posthumus (1572-1635) erhalten die Reußen zurück, nicht aber Burgk, ihr einstiges Jagdschloss. Dagegen ist Prinz Michael von Sachsen-Weimar-Eisenach (ganz rechts) der einzige Adlige, der Bargeld wollte – Kunstgegenstände oder Wald als Kompensation reichten ihm nicht

Adel vernichtet

Text: Arne Boecker

Weil man nicht nur auf hoher See, sondern auch vor Gericht bekanntlich in Gottes Hand ist, schlugen die meisten thüringischen Adelsfamilien den Weg der „gütlichen Einigung“ ein. Dies gilt unter anderem für die Häuser derer von Sachsen-Weimar-Eisenach, von Sachsen-Meiningen und von Sachsen-Coburg-Gotha. Meistens lagen bei den Einigungen keine Ländereien auf dem Tisch, sondern das, was der Fachmann „Innereien“ nennt. Vor allem Kunst aus den Schlössern.

Beispiel Andreas von Sachsen-Coburg-Gotha: Dem früheren Herrscherhaus fielen 800 Hektar Wald zu, dafür verzichtete Seine Hoheit auf das Mobiliar von Schloss Friedenstein in Gotha, dessen Wert vorsichtig auf eine Viertelmilliarde Euro geschätzt wird. Weil es für die Stadt so glimpflich abging, darf sich Andreas von Sachsen-Coburg und Gotha jetzt Ehrenbürger Gothas nennen. Dagegen will Michael von Sachsen-Weimar-Eisenach ungleich mehr: Zu den Kulturgütern in Weimar und Eisenach, die er für sein Haus beanspruchte, zählten unter anderem die Anna-Amalia-Bibliothek mit ihrer sensationellen Sammlung alter Handschriften sowie Goethes Sarg, der in der Fürstengruft liegt. Nach jahrelangem Hickhack kam 2004 die Einigung: Der Freistaat überweist Prinzessin Leonie fast 16 Millionen Euro dafür, dass sie ihre Hand von den Kulturgütern zurückzieht.

Der Griff des Adels nach der alten Heimat hat bei den Thüringern tief sitzende Ängste geweckt. Welchen Preis muss der Freistaat (und also der Steuerzahler) noch zahlen? Dabei zahlen die Bürger sogar freiwillig: Als das Haus Sachsen-Weimar-Eisenach die berühmte Egloffsteinische Besteckssammlung von der Wartburg zurückverlangte, einigte man sich schließlich auf Verkauf und Auszahlung von 500 000 Euro. Erst durch massenhafte Spenden konnte der Verlust der Preziosen verhindert werden.

Zehn Adelsfamilien kämpfen bis heute um Rückgabe oder Entschädigung. Der größte Forderer ist Heinrich XIII. Prinz Reuß in Vertretung seiner hoch betagten Mutter Prinzessin Woizlawa XLV.: Über sieben Jahrhunderte hat das Haus Reuß einem Teil des heutigen Thüringen seinen Stempel aufgedrückt. Ursprünglich kaiserliche Vögte, waren die Reußen Ende des 18. Jahrhunderts zu Reichsfürsten aufgestiegen. Heute möchte Heinrich XIII. unter anderem Teile des Schlosses Osterstein wiederhaben, das seiner Familie während der Bodenreform weggenommen worden ist. Dazu kommen Häuser am Geraer Mohrenplatz sowie Land- und Forstwirtschaft in der Gegend um Lobenstein.

Die Nachfahren begründen ihr Begehren mit dem Schicksal von Heinrich XLV., Erbprinz Reuß. Seine Geschichte ist ein Krimi, der nie aufgeklärt wurde. Was man weiß: Am 18. 8. 1945 ist Heinrich freiwillig in einen sowjetischen Jeep gestiegen. Was man nicht weiß: Was aus ihm wurde. Heinrich XLV., so argumentieren die Nachkommen, habe neben der deutschen auch die britische Staatsbürgerschaft besessen und hätte deswegen auf keinen Fall enteignet werden dürfen. Das Verwaltungsgericht Gera verstand diese Logik nicht, der Casus liegt nun in Leipzig beim Bundesverwaltungsgericht. Bei den beweglichen Gütern haben sich die Reußen 2005 gütlich mit der Stadt Gera geeinigt. Der Deal scheint zum Nutzen und Frommen aller ausgefallen zu sein: Die Kunstschätze, auf die die Reußen rekurrierten, wurden offiziell zurückgegeben, nur damit 305 Einzelstücke gleich wieder in Museen wanderten. Einen Teil durfte die Familie per Auktion zu Geld machen.

Außerhalb des Verfahrens wird immer noch um das Geraer Theater gerungen – und um elf Särge. Die sterblichen Überreste der Reußen, darunter der für seine Klugheit gerühmte Herrscher Heinrich Posthumus (1572-1635), haben im vergangenen Jahrhundert eine Odyssee durch Geraer Kirchen absolviert – was ihrem Zustand nicht zuträglich war. Die Reußen wünschen sich, dass die Särge in der alten Johanniskirche ihre wirklich allerletzte Ruhestätte finden. Die dringend nötige Restaurierung könnte eine Stiftung finanzieren – bislang konnte man sich aber noch nicht einigen, wie diese Stiftung aussehen soll. Fortsetzung folgt, denn Haben kommt ja von Halten: Der Adel fühlt sich zum Verzicht nicht verpflichtet. □

Arne Boecker *ist Ost-Korrespondent der Süddeutschen Zeitung und beschäftigt sich ständig mit adligen Rückgabeansprüchen.*

MERIAN

Heft 9/2005, September, Erstverkaufstag dieser Ausgabe ist der 25.8.2005
MERIAN erscheint monatlich im Jahreszeiten Verlag GmbH, Poßmoorweg 5, 22301 Hamburg
Tel. 040/27 17-0, Fax 040/27 17-20 56 **Anschrift der Redaktion:** Harvestehuder Weg 42, 20149 Hamburg
Postfach 130444, 20139 Hamburg, E-Mail: Redaktion@Merian.de, Tel. 040/441 88-240
Fax 040/441 88-310 **Website:** www.merian.de **Leserservice:** Postfach 601220, 22212 Hamburg
Tel. 040/87 97 35 40, Fax 040/27 17 - 20 79 **Syndication:** www.jalag-syndication.de
GourmetPictureGuide: Stefanie Lüken, Tel. 040/271 720 02, Fax 040/27 17 20 89, www.gourmetpictureguide.de

Herausgeber: Manfred Bissinger
Chefredakteur: Andreas Hallaschka
Art Directorin: Sabine Lehmann **Chef vom Dienst:** Tibor M. Ridegh **Redakteure:** Kathrin Sander, Charlotte von Saurma, Roland Benn (freie Mitarbeit) Thorsten Kolle (freie Mitarbeit)
Redakteurin dieses Heftes: Charlotte von Saurma, **Schlussredaktion:** Tibor M. Ridegh, Jasmin Wolf
Layout: Ingrid Koltermann, Dorothee Schweizer (stellv. Art Directorin), Beke Jürgensen (freie Mitarbeit)
Bildredaktion: Hanni Rapp, Eva M. Ohms, Lars Lindemann (freie Mitarbeit)
Bildredakteurin dieses Heftes: Hanni Rapp **Kartographie:** Peter Münch **Dokumentation:** Jasmin Wolf
Mitarbeit: Helmut Golinger, Barbara Cimander, Maren Beck, Violetta Bismor, Kristina Schlegel
Herstellung: Karin Harder **Redaktionsassistenz:** Sabine Birnbach, Katrin Eggers
Geschäftsführung Premium Magazine: Peter Rensmann **Verlagsleitung Premium Magazine:** Oliver Voß
Gesamt-Anzeigenleitung: Roberto Sprengel **Anzeigenleitung:** Christel Janßen
Anzeigenstruktur: Patricia Hoffnauer **Marketing:** Kenny Machaczek, Ulrich Rieger, Sonja Wünkhaus
Vertriebsleitung: Jörg-Michael Westerkamp (Zeitschriftenhandel), Thilo Heller (Buchhandel)
Verantwortlich für den redaktionellen Inhalt: Andreas Hallaschka
Verantwortlich für Anzeigen: Roberto Sprengel

Verlagsbüros Inland:
Hamburg: Tel. 040/27 17-25 95, Fax -25 20, E-Mail: vb-hamburg@jalag.de
Berlin: Tel. 030/80 96 23-60, Fax -70, E-Mail: vb-berlin@jalag.de
Hannover: Tel. 0511/85 61 42-0, Fax -19, E-Mail: vb-hannover@jalag.de
Düsseldorf: Tel. 0211/901 90-0, Fax -19, E-Mail: vb-duesseldorf@jalag.de
Frankfurt: Tel. 069/97 06 11-0, Fax -44, E-Mail: vb-frankfurt@jalag.de
Stuttgart: Tel. 0711/966 66-520, Fax -22, E-Mail: vb-stuttgart@jalag.de
München: Tel. 089/99 73 89-30, Fax -44, E-Mail: vb-muenchen@jalag.de

Repräsentanzen Ausland:
Basel: Intermag AG, Tel. +4161/275 46-09, Fax -10, E-Mail: info@intermag.ch
London: The Powers Turner Group, Tel. +44 20/7630 99 66 Fax 76 30 99 22, E-Mail: cweiss@publicitas.com
Mailand: Media & Service International Srl, Tel. +39 02/48 00 61 93, Fax 48 19 32 74, E-Mail: info@it-mediaservice.com
Paris: International Magazine Company, Tel. +331/53 64 88 91, Fax 45 00 25 81, E-Mail: imc@international.fr
Madrid: Alcála Media International Media Representation, Tel. +34 91/326 91 06, Fax -07, E-Mail: alcalamedia@retemail.es
Wien: Publimedia Internationale Verlagsvertretungen GmbH, Tel. +43 1/21530, Fax 2121602, E-Mail: ppn-vienna@publicitas.com
New York: The Russell Group Ltd., Tel. +12 12/213 11-55, Fax -60, E-Mail: info@russellgroupltd.com

Die Premium Magazin Gruppe im Jahreszeiten Verlag

A&W Architektur & Wohnen · COUNTRY · DER FEINSCHMECKER · WEIN Gourmet · MERIAN

Gültige Anzeigenpreisliste: Nr. 37e

Preis im Abonnement im Inland monatlich 6,37€ inklusive Zustellung frei Haus. Der Bezugspreis enthält 7% Mehrwertsteuer. Auslandspreise auf Nachfrage. Postgirokonto Hamburg 132 58 42 01 (BLZ 200 100 20) Commerzbank AG, Hamburg, Konto-Nr. 611657800 (BLZ 200 400 00)
Führen in Lesemappen nur mit Genehmigung des Verlages. Printed in Germany

Weitere Titel im Jahreszeiten Verlag: Für Sie, petra, vital, PRINZ, A&W Architektur & Wohnen, COUNTRY, DER FEINSCHMECKER, WEINGourmet, schöner reisen, ZuhauseWohnen, SelberMachen
Litho: Alphabeta Druckformdienst GmbH, Hamburg. Druck und Verarbeitung: heckel GmbH, Nürnberg, schlott Gruppe
ISBN: 3-7742-7011-2, ISSN 0026-0029 MERIAN (USPS No. 011-458) is published monthly. The subscription price for the USA is $ 110 per annum. K.O.P.: German Language Publications, Inc., 153 South Dean Street, Englewood NJ 07631. Periodicals postage is paid at Englewood NJ 07631, and at additional mailing offices. Postmaster: send address changes to: MERIAN, German Language Publications, Inc. 153 South Dean Street, Englewood NJ 07631.

JAHRES ZEITEN VERLAG
Ein Unternehmen der
GANSKE VERLAGSGRUPPE

Oft fotografiert, aber selten so stimmungsvoll wie von Hans Szyszka: die Eisenacher Wartburg

Bildnachweis

Anordnung im Layout: o=oben, u=unten, r=rechts, l=links, m=Mitte.
Titel: Hans Szyszka/Bildagentur Huber; S. ol Michael Müller, ml Marc-Oliver Schulz, or Martin Schutt/ DPA, mr Peter Peitsch, ur Thomas Stephan; S. 4 m Toma Babvic; S. 4/5 Selbach; S. 5 ro Hardy Müller, lm Selbach, rm Wilfried Bauer, u Michael Lange; S. 6 o Babovic/laif, mr Schutt/DPA; S. 10 lo Gerhard Seifert/DPA, ro Jochen Knobloch, ul Sascha Fromm; S. 10 ur, 10/11 Schiller-Nationalmuseum und Deutsches Literaturarchiv / EHAPA COMIC COLLECTION /2005 Egmont vgs verlagsgesellschaft mbh/ HORUS; S. 11 Heinz Hirndorf/DPA; S. 12-30 Selbach; S. 34/35 Michael Trippel/Ostkreuz; S. 36 lu, ru, S. 37 u Babovic/laif; S. 36/37 Babovic; S. 38 o, S. 38/39 o, S. 39 o Babovic/laif; S. 38/39 u Schutt/DPA; S. 40 o Babovic/laif, m Dorothea Schmid/Bilderberg, u Ralf Hirschberger/DPA; S. 42 Kay Nietfeld/DPA; S. 43 Babovic; S. 44-50 Bauer; S. 52, 55 l Babovic; S. 52/53, 53, 54/55 Bauer; S. 56-63 Thomas Stephan; S. 64 o AKG, u Cinetext; S. 65 l, r AKG; S. 66 o Schiller-Nationalmuseum und Deutsches Literaturarchiv, Marbach a.N., u Beinecke Rare Book and Manuscript Library, New Haven/ Dt. Literaturarchiv, Marbach a.N.; S. 67 l, r AKG; S. 68 l Ullsten, r Sammlung Thyssen-Bornemisza, Lugano/ Schweiz / VG Bild-Kunst, Bonn; S. 69 o AKG, u AKG/VG Bild-Kunst, Bonn; S. 70-74 Müller; S. 75 o C. Beyer/ Stiftung Schloss Friedenstein Gotha/Museum für Regionalgeschichte/Ekhof-Theater, mr Theaterhaus-Jena, ul foto-ed/DAS MEININGER THEATER; S. 76-86 Michael Lange; S. 89 Ass Altenburger; S. 90-95 Marc-Oliver Schulz; S. 96, 97 o, 98 Selbach; S. 97 u, 99 Schulz; S. 100, 100/101 Jan-Peter Kasper/ DPA; S. 101 Sascha Fromm/Thüringer Allgemeine; S. 110-116 Walter Schmitz; S. 110 Selbach; S. 120 GourmetPictureGuide; S. 120/121 Selbach; S. 122 o Gourmet PictureGuide; S. 122 u, 122/123 Selbach; S. 124/125 Schulz; S. 126 Gourmet PictureGuide; S. 126/127 Werner Mahler/ Ostkreuz; S. 128 ul Thomas Härtrich/ Transit, r Infografik: Hark Weidling; S. 129 o Selbach, u Dave Bartruff/Corbis; S. 130 DPA; S. 130/131 GourmetPicture-Guide; S. 132/133 Gourmet Picture Guide; S. 134 o DPA, u Barbara Neumann; S. 136 Selbach; S. 138 o GourmetPicture Guide, u Selbach; S. 142/ 143 Planetobserver.com M-sat; S. 145 AKG; S. 147 Selbach

MERIAN
Die Lust am Reisen

PREMIUM SHOP

Angebote für Leser

In unserem Premium Shop bieten wir allen Lesern exklusive Highlights: Seltene MERIAN Ausgaben aus unserem Archiv und einzigartige MERIAN Sammlerstücke. Zusätzlich erhalten Sie ab einem Bestellwert von 25,00 Euro das „Best of MERIAN“ gratis dazu! Für Ihre Bestellungen verwenden Sie den Coupon auf Seite 107.

JUBILÄUMSHEFT

Best of **MERIAN**

Ein Sammlerstück, das man nicht kaufen kann! Erleben Sie faszinierende Rückblicke in die Geschichte von MERIAN! Zusätzlich beigelegt ist jedem „Best of MERIAN“ eine detaillierte Deutschlandkarte im Posterformat von 52 x 73,5 cm. Ab einem Bestellwert von 25,00 Euro erhalten Sie das „Heft der Hefte“ kostenlos dazu. Für Ihre Bestellung verwenden Sie bitte die Postkarte auf Seite 107.

RARITÄTEN

Lust auf **MERIAN** Geschichte

Für Sammler haben wir unser Archiv geöffnet und offerieren Ihnen seltene Kulturschätze aus über 50 Jahren MERIAN. Die Archivexemplare bieten wir nur noch in sehr begrenzter Stückzahl.

Rufen Sie uns an, wenn Ihnen ein Heft in Ihrer Sammlung fehlt: Tel. 040/87973540

MERIAN **FAMILY**

AUSGEZEICHNET

MERIAN *live!*

MERIAN live! Leipzig: Beim Bummel durch die Messestadt spürt man den Flair einer Stadt der Veränderungen und begreift den neuen Slogan: „Leipzig kommt!“. Die Stadt an der Pleiße ist heute eines der spannendsten Zentren Deutschlands.
MERIAN live! Berlin: Hackische Höfe – Wo Berlin sich amüsiert; Galerien und Museen – Wo alte Meister und Junge Wilde sich begegnen; Shopping, Sightseeing, Essen und Trinken.
Die ganze Hauptstadt aktuell.

MERIAN live! Dresden stellt die Schätze der Kunstmuseen, den Zwinger, die Prunkbauten an der Elbe und die berühmten Theater vor, führt in schicke Restaurants und mitten hinein ins Dresdner Nachtleben.
Preis: je 7,95 Euro.

Kennworte:
MERIAN *live!* Leipzig,
MERIAN *live!* Berlin
MERIAN *live!* Dresden

IMMER AKTUELL

MERIAN im Internet

Über 5000 Tipps und Empfehlungen zu Reisezielen weltweit bietet www.merian.de. Neben aktuellen Sicherheitshinweisen für Reisende und dem umfangreichen Heftarchiv gibt es weitere Services für Abonnenten von MERIAN. Online können alle lieferbaren Hefte und MERIAN Produkte einfach und problemlos von zu Hause aus bestellt werden.

www.merian.de

WEGWEISEND

MERIAN *map*

Lust auf Reisen ans Mittelmeer machen die neue MERIAN *maps*, die nicht nur eine große Regionalkarte mit Stadtplänen kombinieren, sondern auch einen kompakte Reise- und Sprachführer mitliefern. Die umfassenden Informationen zum Reiseziel werden auf der Rückseite der Karte dargestellt. Damit sind sie der ideale Begleiter für spontane Kurzreisen. Folgende Destinationen sind bereits jetzt erhältlich: Algarve, Andalusien, Costa Brava, Istrien, Italienische Riviera, Kreta, Mallorca, Provence, Sizilien, Toskana. Preis: jeweils 6,50 Euro.

Kennwort: Map + Destination

UMFASSEND

MERIAN *guide*

Urlaub auf dem Reiterhof – Lust auf Ferien im Sattel? Möchten Sie in ungestörter Natur reiten – durch endlosen Wald oder über Strände und Wattböden? Suchen Sie einen geeigneten Ferienhof für sich und Ihre Familie? Oder möchten Sie qualifizierten Reitunterricht nehmen? Kommen Sie mit dem eigenen Pferd? Im MERIAN *guide* „Urlaub auf dem Reiterhof“ finden Sie die 150 schönsten Reiterhöfe in Deutschland, Österreich und in der Schweiz, dazu Freizeittipps in der nächsten Umgebung. Preis: 12,90 Euro.

Kennwort: MERIAN *guide* Urlaub auf dem Reiterhof

Nutzen Sie auch den bequemen **BESTELLSERVICE** unter Telefon **0 40/87 97 35 40** oder **www.merian.de/shop**

MERIAN
Die Lust am Reisen

ZUM ABONNIEREN

MERIAN ABONNEMENT

Lust auf ein **MERIAN** **Abonnement**

Wenn Sie MERIAN abonnieren möchten, erhalten Sie 12 Ausgaben im Jahr für 76,40 Euro (Auslandspreise auf Anfrage) statt 90,00 Euro bei Einzelkauf. Nutzen Sie den Preisvorteil von 15 % und sichern Sie sich Ihr Dankeschön: Die Erinnerungen an Marion Gräfin Dönhoff von ihrem Großneffen Friedrich Dönhoff. Für Ihre Bestellung eines MERIAN Abonnements verwenden Sie bitte die Postkarte auf Seite 107.

Unser Dankeschön für Ihr Interesse:
In dem Buch „Reisebilder“ veröffentlicht Friedrich Dönhoff erstmals Fotografien, mit denen seine Großtante Marion Gräfin Dönhoff ihre Reisen seit dem 1930-Jahren dokumentierte. Dazu ihren schönsten Reisereportagen.

MERIAN MINI-ABO

MERIAN zum Probieren

Wenn Sie MERIAN ausprobieren möchten, erhalten Sie die nächsten 3 Ausgaben frei Haus innerhalb Deutschlands zum Preis von nur 19,10 Euro statt 22,50 Euro bei Einzelkauf. Nutzen Sie den Preisvorteil von ca. 15 % und sichern Sie sich zusätzlich Ihr Dankeschön: das „MERIAN extra Deutschland“. Alle 16 Bundesländer werden ausführlich mit ihren landschaftlichen und kulturellen Besonderheiten vorgestellt. Mit regionalem Kartenteil, großer Deutschlandkarte zum Herausnehmen und Satellitenaufnahme. Für Ihre Bestellung dieses MERIAN Mini-Abos verwenden Sie bitte die Postkarte auf Seite 107.

Unser Dankeschön für Ihr Interesse:
das „MERIAN extra Deutschland“ mit allen Bundesländern auf einen Blick.

SAMMELSCHUBER

MERIAN Archiv!

Archivieren Sie Ihre MERIAN Sammlung stilvoll und sicher in den exklusiven MERIAN Sammelschubern aus Leder, Leinen oder Acryl. Jeder Schuber bietet Platz für ca. 12 MERIAN Ausgaben. Preise: Acryl 19,90 Euro, Leinen 12,90 Euro, Leder 24,90 Euro. **Kennwort: Schuber Acryl / Schuber Leinen / Schuber Leder**

Schaffen Sie Ordnung im Regal:
Mit den hochwertigen Sammelschubern wird Ihre MERIAN Sammlung sicher und repräsentativ verwahrt.

Nutzen Sie auch den bequemen **BESTELLSERVICE** unter Telefon **040/87 97 35 40** oder **www.merian.de/shop**

Von der Kunst, einen Kloß zu einem Thüringer Kloß zu machen

Text: Antje Liebsch

Klöße sind Kult: Es gibt 18 000 verschiedene Rezepte und jedes ist das beste

Klöße sind für Thüringer mehr als nur ein Nationalgericht: Sie sind Heimat, Halt, Weltordnung. Als Kind wusste ich nie, was eine Woche brachte, aber immer, wie sie endete: Wenn am Sonntagmittag in Frauenwald die Kirchenglocken läuteten, dann war es Zeit, nach Hause zu flitzen. Denn am Tisch warteten schon Eltern, Geschwister, manchmal auch Großeltern und Tanten. Und in der Mitte die Klöße. Sie sahen immer gleich aus, warm, weich und rund. Tröstlich irgendwie.

In letzter Zeit denke ich wieder öfter an diese Sonntage. Es gibt eine neue Liebe in meinem Leben und es wird nicht mehr lange dauern, bis er fragt: Schatz, kannst du nicht mal etwas Typisches aus Thüringen kochen? Klar, ich könnte mit tiefgefrorener Kost mogeln, die ihm sicher schmecken würde (er stammt von der Küste). Aber mir nicht. Also muss ein Lehrmeister her! Meine Mutter? Sie winkt ab. Die Presse auf dem Flohmarkt verkauft, das Rezept vergessen. Sie lebt jetzt in Bayern und hat das Kloß-Kapitel abgeschlossen. Lassen wir den Müttern ihre Neuanfänge und besuchen lieber ein Seminar. Es gibt nämlich einen Kochkurs, veranstaltet vom Heichelheimer Kloßmuseum.

Ein Samstag in der Großküche des Erfurter Landtages. Wir sind zwölf Teilnehmerinnen, von denen nur eine keine Klöße kochen kann: Ich! Die anderen elf kommen vom hiesigen Landfrauen-Verband, die meisten sind um die 50 Jahre alt, mit kurzen Haaren und kräftigen Armen. Warum sie überhaupt hier sind? „Damit kann man 'ne Mark verdienen", sagt Birgit Schulz, die Vorsitzende. Die Frauen wollen lernen, wie man lehrt. Denn die Seminare sind so beliebt, dass das Museum Verstärkung braucht.

Alles liegt bereit: Töpfe, Schüsseln, Messer, Reiben, Quirle, Stampfer, Kloßpressen, Semmelbröckchen, Kartoffeln. „Kloßsäcke fehlen", ruft jemand. Chefkoch Olaf Pfotenhauer runzelt die Stirn. Birgit Schulz eilt ihm zu Hilfe und erklärt, dass zu Zeiten der DDR auch saubere Geschirrtücher reichten. Und dann geht's immer noch nicht los, erst gibt Museumsleiter Schneider eine Kartoffelkunde zum besten. Er ist verkleidet als Pfarrer Putsche, der 1819 das erste wissenschaftliche Werk zur Knolle verfasste.

Heute sind 200 Sorten in Deutschland zugelassen, aber nur die mehlig kochenden und besonders stärkehaltigen taugen für den Thüringer Kloß. Vier Dreier-Teams werden um die Wette kochen, an meiner Seite kämpfen Bettina und Ulrike. Das Verlierer-Team? Bettina, mit 34 Jahren die jüngste der Landfrauen, verkündet, dass sie schlechte Laune habe und Uli sieht mit ihren Perlmuttnägeln nicht sehr küchentauglich aus. Das täuscht: Während ich an meiner vierten Kartoffel schäle, hat sie längst die ersten zehn gerieben. Von den 25 mittelgroßen Knollen kommen fünf in den Kochtopf, die restlichen werden zu Schab zerkleinert – so heißt die rohe Masse.

Kartoffeln oxydieren, deshalb muss man schnell sein, dass sie nicht grau anlaufen. Rasend schnell. Ulrike verrät die Tricks: Im kalten Wasser reiben, eine Malina benutzen (Fruchtsaftpresse Made in USSR), Kartoffeln schwefeln, Aspirin oder Eiswürfel in den Schab geben – die letzteren Varianten erscheinen leicht suspekt. Fest steht: Auf Handreibung schwören viele, weil man die Kartoffeln stärker schmeckt. Ob grob oder fein, einig sind sich die Frauen: Je trockener der Schab, desto lockerer der Kloß. Während die anderen Teams mit den Pressen kämpfen, packt Mitstreiterin Bettina die Masse in ein Tuch, wringt mit ihren Händen. Je stärker der Sack einer Wurst ähnelt, desto höher steigt ihre Stimmung.

Dann wird der Schab mit dem Brei aus den gekochten Kartoffeln überbrüht und mit dem Quirl durchgewalkt. Mein Part: Topf halten. Damit kenne ich mich aus. In den Jahren des Topfhaltens lernte ich vor allem, wie man den hüpfenden Brüsten der Mutter ausweicht. Schnell weiter, der Brei darf nicht abkühlen. In der Großküche brennt die Luft, tönt ein Gewirr von Töpfen und Stimmen. Mittendrin Chefkoch Pfotenhauer, der Tipps verteilt wie: Wenn der Teig sich von der Schüssel löst, ist der Moment gekommen. Mein Moment! Denn ich zeige Balltalent, forme perfekt runde und handtellergroße Klöße. Semmelbröckchen hinein und ab ins siedende (nie kochende!) Wasser. 20 Minuten ziehen lassen und fertig.

Die Tafel der Landtagskantine ist gedeckt, jedes Team trägt eine dampfende Schüssel herbei. Doch ihre Inhalte sehen grundverschieden aus: Die Klöße von Gruppe eins sind breiig und grünlich. Goldgelb, mit Gries, in Butter gebraten – das ist Variante Nummer zwei. Team drei gewinnt den Schönheitspreis mit hellgelben und feinkörnigen Klößen. Anders das Ergebnis meiner Gruppe: Perfekt rund, aber eine Spur zu grau.

Sind das nun alle echte Thüringer? Ja. Ob grau, grün, gelb, ob grob oder fein, zerfließend oder fest, ob mit Gries oder Milch – es soll 18 000 verschiedene Rezepte geben, jedes Dorf, jeder Haushalt setzt eigene Akzente. Genau genommen *Den* Thüringer Kloß gibt es gar nicht! Der größte Kloß-Graben im Land verläuft zwischen Nord und Süd. Die Weimarer bevorzugen die grobe und lockere Variante, gern „kindskopfgroß". Südthüringer lieben ihre feinen Knölle oder Hütes „leicht am Tellerrand zerlaufend". Einig sind sich alle über die Grundsubstanz, wie sie auch im ältesten Rezept von 1808 steht: Zwei Drittel rohe, ein Drittel gekochte Kartoffeln.

Es ist still an unserer Tafel. Vorsichtig reißen wir die Klöße mit der Gabel auf. Ich fühle mich wie ein Kind am Sonntagmittag in Frauenwald, als ich das erste Stück in die Soße tunke. Keine Frage, ich werde weiter üben. □

Antje Liebsch, *Autorin aus Hamburg, fühlte sich als Thüringerin herausgefordert.*

(F 4) Thüringer Kloßmuseum Heichelheim
Im Dorf 1, 99439 Heichelheim
Tel. (0 36 43) 90 00 15
www.klossmuseum.de
Di-So 11-16 Uhr, Nov.-März nur Di-Fr

Uralte Wetterfichten auf Thüringens Spitze: Mit 973 Metern erreicht der Kammweg auf dem Großen Beerberg seinen höchsten Punkt

Wo die Loipe lockt

Der Rennsteig im Thüringer Wald: Eine Winterreise auf dem berühmtesten Höhenweg Deutschlands

Text: Monika Dittombee, Fotos: Walter Schmitz

Ein Hauch von Alaska: Schlittenhunderennen gehören zu den exotischen Wintersportarten. Nahe dem Schneekopf (978 Meter) ist der Rennsteig ein ideales Trainingsgelände

Der kleine Erholungsort Frauenwald war die erste Siedlung am Rennsteig: Der kreuzte hier die alte Handelsstraße Erfurt-Nürnberg

Hochebene mit grandioser Aussicht: Nahe Neustadt am Rennsteig hält sich der Schnee besonders lang. Die Läufer spuren hier auf 800 Meter Höhe

Grenzenlose Winterlust: Eine der Attraktionen von Oberhof sind die Rennsteigthermen – von Bobrennen bis zur Biathlonmeisterschaft gib es hier alles. In dem Wintersportzentrum trainieren Deutschlands Spitzensportler

Schmal und kurvig schlängelt sich die Straße durch den Wald, bergab und bergauf, steil abfallend und völlig verweht. Wer jetzt bremst, hat verloren – der Weg nach Masserberg ist nicht lustig. So muss sich Grönland anfühlen: Kalt, schroff, kaum drei Meter Sichtweite mit einem bleiernd grauem Himmel: Es braut sich ein Schneeorkan zusammen, der winzige Flöckchen mit ungeheurer Kraft und Geschwindigkeit zur Erde peitscht. Irgendwann ist der kleine Luftkurort erreicht, der auf etwa 800 Meter Höhe hockt.

Am nächsten Morgen ist alles anders, und der Himmel so unschuldig, als wäre nie was gewesen: Die Wolkendecke gibt nach, Sonnenstrahlen brechen durch, lassen den Schnee glitzern. Das Weiß erschlägt, blendet, deckt zu und beruhigt zugleich. Die Dächer der kleinen Schieferhäuser tragen meterdicke Hauben, alle Autos gleichen weißen Ungetümen, sind durch nichts zu unterscheiden und müssen mit Schaufeln ausgegraben werden. Doch was Großstädter zur Verzweiflung treibt, tragen die Masserberger mit erstaunlicher Gelassenheit: Ungerührt schippen sie vor ihren Häusern, plaudern mit den Nachbarn. Schneehöhen von 1,50 Meter und mehr sind in Masserberg nicht ungewöhnlich, kein Grund zur Sorge also oder zur Hektik. Wozu auch? Weg will hier eigentlich niemand, ein Auto braucht man auch nicht und schon gar nicht für die Tour durch den Thüringer Wald.

Rauf auf die Skier...

Den betritt man im Winter am besten mit Skiern. Denn Masserberg ist ein Eldorado für Langläufer, rund 75 Kilometer gespurte Skiwanderwege und Loipen gibt es hier. Doch welche Route ist die schönste? Wo soll man beginnen? Gut, dass ich Walter Lipfert zur Seite habe. Er erzählt, als gehöre ihm der gesamte Thüringer Wald, mindestens aber der Umkreis von Masserberg. Der 54-Jährige ist Maler, Kunsttherapeut, Wanderführer und will mir die schönsten Wege zeigen, den Wald und den Rennsteig. Von Oberhof über Masserberg bis Neuhaus – das sei die beste Strecke, versichert er. Einer wie er weiß es: „Mein Tag beginnt und endet mit Sport". In der Woche schafft er so mit seinen robusten Holzskiern (Baujahr 1980) an die 100 Kilometer. Also rauf auf die Skier und rein in den Wald. Nur wenige Meter neben dem Hotel „Tor zum Rennsteig" beginnt schon der Rennsteig.

Der Rennsteig in Thüringen ist von allen 220 Kammwegen Deutschlands der bekannteste. Und er ist der älteste zusammenhängende Höhenwanderweg des Thüringer Waldes. Ein historischer Weg, der 1330 erstmals als „Rynnestig" erwähnt wurde: Er diente als Verbindungsweg zwischen zahlreichen Passübergängen und war Grenzweg zwischen Thüringens Kleinstaaten. Gleich Zeugen der territoralpolitischen Entwicklung stehen hier noch heute viele alte Grenzsteine, auch neun der insgesamt 13 Dreiherrensteine – dort stießen die Territorien gleich dreier Landesherren zusammen.

Der Rennsteig überwindet alle Höhenunterschiede. Er führt über die Kammlagen des Thüringer Waldes, durch das Thüringer Schiefergebirge und den nördlichen Teil des Frankenwalds. Sein tiefster Punkt liegt bei 196, sein höchster bei 973 Metern – dennoch verläuft er insgesamt ausgeglichen und führt durch mildes Mittelgebirgsklima. Mehr noch: Auf dem 168 Kilometer langen Weg kann man sich schnell fortbewegen. Start ist der Mittellauf der Werra in Hörschel bei Eisenach, Ziel der Oberlauf der Saale im bayerischen Blankenstein. Auf dem Rennsteig wird klassisch beschaulich gewandert, flott Fahrrad gefahren, Marathon gerannt und im Winter sind hier die Langläufer unterwegs. Die erste Überquerung auf Skiern „am Stück“ gelang Rainer Selch 1998 in 29 Stunden und 25 Minuten. Dann also los.

Zwischen schwerbeladenen Buchen und Fichten schlingert sich der Pfad, schmal, aber beharrlich führt er in den Wald hinein. Nur das Holzschild mit dem weißen „R“ gibt ihn als Rennsteig zu erkennen, den ich mir breit wie eine Straße gedacht hatte. Wie zum Beweis zieht Walter Lipfert winzige Schnapsflaschen aus dem Rucksack: „Rennsteigtropfen“. Die gehören als Ritual dazu und sollen irgendwo auf den 168 Kilometern getrunken werden. Gut, dann eben am Ende der Tour.

. . . und rein in den Wald

Bis dahin scheint es ein weiter Weg zu sein. Doch die Bewegung funktioniert zum Glück von allein – es ist ein Gleiten, ein schwereloses Vorwärtskommen, die Skier schnurren sanft, ein angenehmer Klang wie das gleichmäßige Surren eines Spinnrades. Sonst ist alles still. Ich will es nicht denken und doch summt sie in meinem Kopf wie ein Lied, jene erste Zeile „Über allen Gipfeln ist Ruh“ aus „Wanderers Nachtlied“ von Johann Wolfgang Goethe, das er 1780 in eine Holzhütte bei Ilmenau schnitzte. Solche einfachen Hütten gibt es hier viele: Es sind schlichte Wetterschutzbauten.

Langläufer zischen an uns vorbei mit ausholenden Gesten, die in ihren Bewegungen denen der Eisläufer ähneln. Lipfert schaut ihnen kopfschüttelnd hinterher: „Schnell kann jeder, doch in der Langsamkeit liegt die wahre Kunst“. Skilanglauf ist für den Thüringer auch Meditation. „Nach zehn Kilometern sind die Sorgen weg, ist der Geist frei für neue Gedanken“. Das habe mit dem Goetheschen Prinzip der Ganzheitlichkeit zu

Rennsteig-Spezialität: Die Kammlage bringt viel Schnee. Die Menschen hier nehmen es gelassen – schließlich war es im Thüringer Wald schon immer so

tun, so Lipfert, mit der Einheit von Körper, Seele, Geist und mit der von Mensch und Natur.

Ich schüttele verwundert den Kopf. Darüber, dass Goethe die Menschen hier selbst im tiefsten Wald ergreift. Oder ist das thüringischer Heimatwahn? Tatsächlich sorgt der gleichmäßige Rhythmus aus Abdrücken-Gleiten-Abdrücken für einen klitzekleinen Rausch im Hirn, die Bewegung braucht weniger Konzentration, dafür schärft sich die Wahrnehmung. Die Idylle rundherum tut fast weh, die riesigen Waldwiesen und geduckten Sträucher erinnern an tschechische Märchenfilme. Wo sind die Prinzen, die Zwerge, die Wichte? Jeden Moment könnten sie aus dem Dickicht hervorrascheln.

Statt ihrer stehen am Wegesrand verwitterte Grenzsteine, jahrhundertealt mit kaum lesbaren Inschriften. Sie trennten das Herzogtum Sachsen-Meiningen vom Fürstentum Schwarzburg-Sondershausen und Schwarzburg-Rudolstadt. In jedem Fall sind sie reich verziert mit Hoheitszeichen und Richtungskerben, manche stammen aus dem 16. Jahrhundert. Damals wurde der Rennsteig von Kurieren und Kaufleuten genutzt, heute ist er Rennstrecke für Europas größtem Crosslauf, dem GutsMuths-Lauf, der seit über 30 Jahren ausgetragen wird. Aber jetzt ist stiller Winter.

Wir sollten eine Baude besuchen, meint Walter Lipfert. In der Gaststätte „Zum Rennsteig" in Friedrichshöhe erzählt er von seiner besonderen Liebe zur Heimat: „Es ist die Gesamtheit aus Geschichte, Natur, Kultur, Menschen." Eine Zusammengehörigkeit ergibt sich auch mit den übrigen Gästen im Raum, er kennt alle und alle kennen ihn: Sein Arzt, seine Steuerberaterin, sein Kunstvereins-Freund –, alle sind hier, essen Schnitzel, trinken Bier. Wer mittrinkt, gehört dazu, wird geduzt, kann mitreden. Es wird viel gelacht und getrunken. Die Rast dauert drei Stunden, egal, Zeit ist genug da, denn darum geht es ja, um Langsamkeit und die Kunst, anhalten zu können.

17 Kilometer haben wir am Ende geschafft. Keine sportliche Glanzleistung, dafür aber fühlen sich Kopf und Körper rein und weiß an wie der Schnee. Wer im Thüringer Wald abtaucht, braucht kein Wellness-Programm und gewiss keinen Schweige-Urlaub im Kloster. All diese Dinge wirken widersinnig angesichts der gewaltigen Schlichtheit in Weiß. Sicher, ich könnte noch schnell nach Oberhof brausen, mir die Skisprunganlagen am Kanzlersgrund anschauen, eine Runde Bobfahren, Ice-Raften oder den Skiflyer in Steinach probieren. Doch es ist zu viel, zu anstrengend; die 45 Kilometer nach Oberhof scheinen unüberwindlich. Wozu wegfahren, wenn man bleiben kann? □

Monika Dittombee *ist Thüringerin, arbeitet in Hamburg und liebt den Thüringer Wald auch im Sommer.*
Walter Schmitz, *Fotograf aus Hamburg, war ganz verzaubert von der stillen Schönheit des Mittelgebirges.*

Wintersportort mit langer Tradition: Das Holzhaus in Oberhof stammt aus den frühen Jahren des 20. Jahrhunderts, als hier die ersten Bobrennen stattfanden

Ein schöner Land: Auch abseits des Rennsteigs gibt es reale Wintermärchen wie das Flussbett der Wilden Gera bei Gräfenroda

MERIAN | TIPP Thüringer Wald und Rennsteig

RENNSTEIG-WANDERUNGEN

Die klassische Tour beginnt am Gasthaus „Tor zum Rennsteig" in Hörschel. Dort wie auch im Rennsteigwanderhaus, Tel. (03 69 28) 911 94, gibt es Infos. Üblich ist, den 168,3 km langen Höhenwanderweg in sechs Etappen von 21 bis zu 33 km zu unterteilen: Aus der Fußwanderer- wie Langlaufperspektive sind die ersten zwei Etappen die schönsten (Mischwald), die östlicheren eignen sich wegen der vergleichbar geringen Anstiege hervorragend zur Radwanderung.

IM SOMMER

Radfahren Zahlreiche organisierte Touren für Radfahrer wie Wanderer mit Gepäcktransfer, Übernachtung, Verpflegung. **www.rennsteig.de**

Marathon Der berühmte GutsMuths-Rennsteiglauf findet alljährlich im Mai statt. Außer der 72,7 km langen Supermarathon-Strecke gibt es auch Marathon, Halbmarathon und Wanderungen. **www.rennsteiglauf.de**

IM WINTER

Schneetelefon Thüringen Auskünfte zu Langlauf, Alpinski-möglichkeiten und Wetter. Tel. (03 68 70) 533 99

Oberhof Austragungsstätte für Weltcups in der Nordischen Kombination, Biathlon, Rennrodeln. Moderne Skisprunganlagen, Rennschlitten- und Bobbahn. Nov.-März können Laien mit einem Piloten den Eiskanal hinunterbrausen (50 €). Langsamer geht es mit dem Luftkammerbob beim „Ice-Rafting" (13 €). **Tel. (03 68 42) 26 90, www.oberhof.de**
Skihang Fallbachlift: 800 m leichte Piste, Sessellift, Mi, Fr, Sa Flutlicht.
Skigebiet Alte Golfwiese: 500 m leichte Piste, zwei Skischlepplifte, Snowtubing- und Schlittenlift, Flutlicht. Rundloipe für Anfänger (3 km), Loipen in Richtung Skigebiet Rennsteig-Schmücke, Thüringens höchste Region. Wellness in den Rennsteigthermen. **Tel. (03 68 42) 29 20 www.rennsteigthermen.de**

Masserberg Badehaus mit Klang-Becken und vielen Extras. **Kurhausstr. 8 Tel. (03 68 70) 533 80 www.badehaus-masserberg.com**
75 km gespurte Winterwanderwege und Langlaufloipen. Drei Skialpinlifte mit leichten, mittelschweren bis schweren Abfahrten. **Rodelhang, Snow Fun Park für Snowboarder.**

POWER

MERIAN REISE-INFO THÜRINGEN

Wallfahrtsorte und Kirchen prägen das katholische Eichsfeld: Der Kern von St. Maria Dolorosa in Rimbach ist aus dem 15. Jh., der Fachwerkaufsatz mit den beiden Turmspitzen von 1905

MERIAN Top ten

Was Thüringen-Besucher unbedingt sehen, erleben und erfahren sollten

Alle Texte: Karsten Heuke; Stand Juli 2005
Die Planquadrate beziehen sich auf die MERIAN-Karte (S. 139)

1. Wartburg in Eisenach (B/C 4)
Die Mischung aus Sagen und Legenden, Märchen und Geschichte ist das Erfolgsgeheimnis der deutschesten aller deutschen Burgen: Hier soll der große Sängerstreit stattgefunden haben, soll Luther das Tintenfass geworfen haben, rankt sich um die heilige Elisabeth die Rosensage.

2. Goethes Gartenhaus, Weimar (F 4)
1776 bezog der Dichter das Haus, das er im Stil der Frühklassik hatte renovieren lassen – schlicht und schön. So sieht es auch heute wieder aus.

3. Erfurter Krämerbrücke (E 4)
Die Gasse war einst die bedeutende Handelsstraße „Via Regia". Auf der ältesten bewohnten Brücke nördlich der Alpen wird einmal im Jahr das Mittelalter beim „Krämerbrückenfest" gefeiert.

4. Höhenwanderweg Rennsteig
Schönste Strecke im Thüringer Wald ist der 168,3 Kilometer lange Weg zwischen Hörschel und Blankenstein.

5. Mariendom und St. Severi (E 4)
Das Kirchenensemble auf dem Erfurter Domberg glänzt besonders im Abendlicht. Innen läutet die Gloriosa, die größte frei schwingende mittelalterliche Glocke der Welt.

6. Erlebnisbergwerk Sondershausen (D 2)
Einen exzellenten Konzertsaal, unterirdische Wanderwege und Kahnfahrten auf dem Grubensee bietet die älteste noch befahrbare Kaligrube der Welt.

7. Theatermuseum Meiningen (C 6)
An seinem Hof begründete Herzog Georg II. im 19. Jh. das moderne Regietheater. Die Ausstellung „Zauberwelt der Kulisse" zeigt den Schatz an Bühnendekorationen.

8. Nationalpark Hainich (C 4)
Mit fast 800 blühenden Pflanzenarten ist der Urwald das größte zusammenhängende Laubwaldgebiet Deutschlands. Neueste Attraktion: ein Baumkronenpfad auf 24 Meter Höhe.

9. Bauernkriegspanorama in Bad Frankenhausen (E 2)
Mit dem monumentalen Rundgemälde (14 mal 123 Meter) schuf der Leipziger Werner Tübke eines der größten Kunstprojekte des 20. Jahrhunderts.

10. Dornburger Schlösser (G 4)
Gleich drei Schlösser der Herzöge von Sachsen-Weimar im Renaissance- und Rokokostil fügen sich zu einem Ensemble. Goethe schwärmte vom herrlichen Blick ins Saaletal.

MERIAN | STADTSPAZIERGANG

Luthers Kindheitspfade

Viel Musik und mehr mittelalterliche Baukunst

Das **Nikolaitor** wird die Pforte Eisenachs genannt – es ist das letzte von einstmals fünf Stadttoren. Gleich rechter Hand erhebt sich die **Nikolaikirche:** Die dreischiffige Basilika ist die älteste Pfarrkirche der Stadt und das jüngste romanische Bauwerk Thüringens. Fast bombastisch wirkt das nahe gelegene **Landestheater**, das 1879 mit Webers „Jubelouvertüre" eingeweiht wurde.

Nur wenige Schritte sind es von hier zum **Karlsplatz**, dem Herzen des alten Eisenach: Hier schaut ein sanftmütiger Martin Luther aus Bronze auf das quirlige Treiben. Über die Karlsstraße mit Boutiquen und Cafés erreicht man den **Markt** und kann detailreiche Renaissance-Reliefs an der Rathausfassade erkennen. Gleich vis-á-vis ließ Ernst August von Sachsen-Weimar-Eisenach das spätbarocke **Stadtschloss** erbauen. Das Thüringer Museum zeigt darin immer wieder Sonderausstellungen.

Optisch wird der Markt von der **Georgenkirche** beherrscht, in deren Chor die Grabsteine der Landgrafen aufgestellt sind. Hier predigte Martin Luther, der als Kind mehrere Jahre im Eisenacher **Lutherhaus** gelebt haben soll. Zierlich dagegen ist das schmalste Fachwerkhaus Deutschlands: Das rund 250 Jahre alte **Fachwerkhaus am Johannisplatz** misst gerade mal 2,05 m in der Breite und 8,50 m in der Höhe. Der Frauenberg führt hoch zum rund 400 Jahre alten (angeblichen) **Geburtshaus von Johann Sebastian Bach**. Vor allem die Klangkostproben auf den historischen Musikinstrumenten begeistern die Bachfans. Im Gasthaus „Goldener Löwe" erinnern zwei Ausstellungen an den von Wilhelm Liebknecht und August Bebel angeführten Gründungskongress der Sozialdemokratischen Arbeiterpartei, der dort im Jahr 1869 stattfand. Spuren aus derselben Zeit hat der Mundartdichter Fritz Reuter hinterlassen, der oberhalb Eisenachs eine Villa besaß. Heute wird hier im **Reuter-Wagner-Museum** auch Richard Wagner mit der umfangreichsten Sammlung abseits von Bayreuth geehrt – er komponierte schließlich Tannhäusers Sängerkrieg auf der Wartburg.

Hier geht's in die Stadt: das Nikolaitor, Eisenachs Pforte

Tourist-Information Eisenach
Markt 9, 99817 Eisenach, Tel. (036 91) 792 30
tourist-info@eisenachinfo, www.eisenach.info

Hier ging es vor 200 Jahren um Deutschlands Einheit: Burschenschaft

SEHENSWERT

❶ Bachhaus
Geburtshaus (?) des Komponisten, 1907 eröffnet, damit ältestes Bach-Museum. Mit wertvoller Musikinstrumentensammlung, die auch zur werkgetreuen Darbietung dient. Hausrat, Mobiliar, Dokumente sowie Fachbibliothek.
Frauenplan 21 *tgl. 10-18 Uhr*

❷ Burschenschaftsdenkmal
Der 33 m hohe Turm erinnert seit 1902 an die in den Freiheitskämpfen gegen Napoleon gefallenen Studenten. Mit Ausstellung zur Burschenschaftsgeschichte, besonders zum Manifest für ein geeintes Deutschland von 1817.
An der Göpelskuppe 1
tgl. 10-18 Uhr

❸ Georgenkirche
Haupt-, Stadt- und Pfarrkirche, um 1180 erbaut. 1221 heiratete Landgraf Ludwig IV. hier die ungarische Prinzessin, die als heilige Elisabeth von Thüringen in Erinnerung ist. Martin Luther predigte 1498-1501 darin, am 23. März 1685 wurde Johann Sebastian Bach hier getauft.
Markt *tgl. 10-12, 14-16 Uhr*

❹ Lutherhaus
Mit rund 500 Jahren eines der ältesten Fachwerkhäuser der Stadt. Das Pfarrhaus war zeitweise Zuhause des jungen Martin; an seine Schulzeit erinnern die „Lutherstuben". Ausstellung zur Bibelübersetzung und zum Leben Luthers.
Lutherplatz 8 *tgl. 10-17 Uhr*

❺ Reuter-Villa
Im römischen Stil bis 1868 errichtetes Wohnhaus des niederdeutschen Dichters Fritz Reuter. Heute Reuter-Wagner-Museum mit Mobiliar des Poeten und größtem Richard-Wagner-Archiv außerhalb Bayreuths. Oesterlein-Sammlung mit Bildern, Briefen, Büchern. 20 Minuten bis zur Wartburg (s. S. 128).
Reuterweg 2 *Di-So 11-17 Uhr*

❻ Schmales Haus
Vermutlich das schmalste bewohnte Fachwerkhaus mit nur 20 m^2 Grundfläche. Zu DDR-Zeiten wurde es privat saniert und vor Abriss bewahrt. Ausstellung von Bildern, Kleinplastiken, Keramik und historischen Einrichtungsgegenständen zu besonderen Anlässen.
Johannisplatz 9
Tel. (036 91) 21 09 99
www.schmaleshaus.de
Besichtigung nach Anmeldung

❼ Stadtschloss
Der „Fürstenhof" ist seit 1742 in Etappen entstanden.
Seit 1931 Thüringer Museum; der Marstall des Schlosses

enkmal, auch schon über 100

wird für Sonderausstellungen genutzt. Zudem Grafik, Malerei des 19. Jhs. und expressiver Realismus.
Markt 24 *Di-So 10-17 Uhr*

ESSEN & TRINKEN

8 Am Storchenturm
Mittelalterliche Schenke mit rustikalem Gastraum, duftendem Heuboden und Biergarten mit 120 Plätzen. Thüringer Kost. Führungen für Gäste durch das Gemäuer aus dem 12. Jh.
Georgenstr. 43a
Tel. (07 00) 40 40 40 50
tgl. 10-23 Uhr €

9 Augustiner Bräu
Rustikale Gastwirtschaft mit ruhigem Biergarten. Täglich ein günstiges Tagesmenü. Thüringer und bayerische Küche.
Georgenstr. 30
Tel. (036 91) 21 52 50
tgl. 11-24 Uhr €

10 Brunnenkeller
Uriges Gewölbe, in den Fundamenten des alten Stadtschlosses aus dem 12. Jahrhundert. 65 Plätze sowie Terrasse mit 50 Plätzen. Thüringer Küche, preiswerte Hauptgerichte.
Am Markt 10
Tel. (036 91) 21 23 58
www.brunnenkeller-eisenach.de/
Apr.-Okt. tgl. 11-23 Uhr
Nov.-März tgl. 11-15 Uhr
17-23 Uhr €

11 Galleria Frauenberger Business- & Gourmethotel
Gemütliches Gourmet-Restaurant mit Wintergarten. Spezialmenüs, der Chefkoch hat schon für Staatsgäste wie das japanische Kaiserpaar aufgetischt. Hier bietet er ein „Goethe-Menü" nach klassischem Rezept, dazu ausgesuchte Weine.
Karl-Marx-Str. 16, Tel. (036 91) 295 70 *Mo-Sa 17-22 Uhr* €€

12 Konditorei & Café Brüheim
Spezialitäten wie Thüringer Schmandkuchen und Eisenacher Riegel. Auch Frühstück, Snacks und Gemüsetorten. Nichtrauchercafé mit 50 Plätzen, separates Teezimmer. Außenbereich mit Blick auf das Bachdenkmal.
Marienstr. 1
Tel. (036 91) 20 35 09
Mo-Sa 9-18, So 13-18 Uhr €

13 Lutherstuben
Mittelalterlich deftig geht es hier zu mit Sturzbecher, meterlangen Fleischspießen und selbst gebackenem Brot. Musik, höfischer Tanz und historische Tischreden bei Kerzenschein. Einblicke in die Showküche im Hotel Eisenacher Hof.
Katharinenstr. 11-13
Tel. (036 91) 293 90 *tgl. ab 18 Uhr bis open end* €€

10 Marktschänke
Zentral gelegenes Restaurant, bietet bürgerliche Hausmannskost in rustikaler Atmosphäre.
Markt 19, Tel. (036 91) 20 34 61
Di-So 11 Uhr bis open end €

14 Weinrestaurant „Turmschänke"
Im historischen Hotel „Kaiserhof". Gastgeber Ulrich Rösch kreiert Regionales mit Pfiff sowie internationale Spezialitäten. Erlesenes Weinangebot mit 120 Sorten.
Wartburgallee 2
Tel. (036 91) 21 35 33
Mo-Sa 18-24 Uhr, im Jan. und Aug. je 2 Wochen Ferien €€

ÜBER NACHT

15 Villa „Mon repos"
Das Südviertel Eisenachs ist eines der größten zusammenhängenden Villenviertel Europas. Hier liegt idyllisch das Mon Repos mit 4 DZ im englischen Landhausstil. Aufbettung möglich. TV, Minibar. Dusche und WC separat. Ausspannen im Garten und auf der Terrasse.
Otto-Speßhardt-Str. 6
Tel. (036 91) 21 16 78
www.villa-mon-repos.de €

8 Am Storchenturm
Die Pension und Wanderherberge bietet die Ruhe eines mittelalterlichen Gehöfts mitten in der Stadt. 24 Betten mit Dusche/WC. Parkplatz, Wanderer werden am Bahnhof abgeholt, Gepäcktransport zum nächsten Etappenziel möglich. Sehr preisgünstig, Frühstück 4 €.
Georgenstr. 43a
Tel. (07 00) 40 40 40 50
www.gasthof-am-storchenturm.de €

16 Courtyard Eisenach
Ruhig am Stadtrand, gute Sicht auf die Wartburg. Nichtraucherzimmer, TV und Radio, Balkon/Terrasse, Internetzugang, Schreibtisch. Hotel ist behindertengerecht und Haustiere sind willkommen. Sauna, Solarium und Fitnessraum.
Weinbergstr. 5
Tel. (036 91) 81 50
www.marriott.com/eibcy €€

17 Thüringer Hof
Zentral gelegen, 126 Zimmer mit TV und Zimmersafe. Sauna, Fitness, Solarium, Massagen und Fahrräder werden angeboten. Auch vegetarische Speisen.
Karlspl. 11, Tel. (036 91) 280
www.eisenach.steigenberger.de
€€€

18 Hotel Glockenhof
Spezielle Pakete für Kulturinteressierte, Musikliebhaber oder Wanderfreunde buchbar. Auch Golferwochenenden. 41 komfortable Zimmer mit Bad oder Dusche, auch Suiten. Tiefgarage. Behindertengerecht.
Grimmelgasse 4, Tel. (036 91) 23 40, www.glockenhof.de €€

Preiskategorien

Preiskategorien Restaurants (ein Hauptgericht):
€ 10 € €€ 10 bis 15 €
€€€ über 15 €

Preiskategorien Hotels/Pensionen (DZ pro Nacht):
€ bis 50 € €€ 50 bis 100 €
€€€ 100 bis 150 €
€€€€ über 150 €

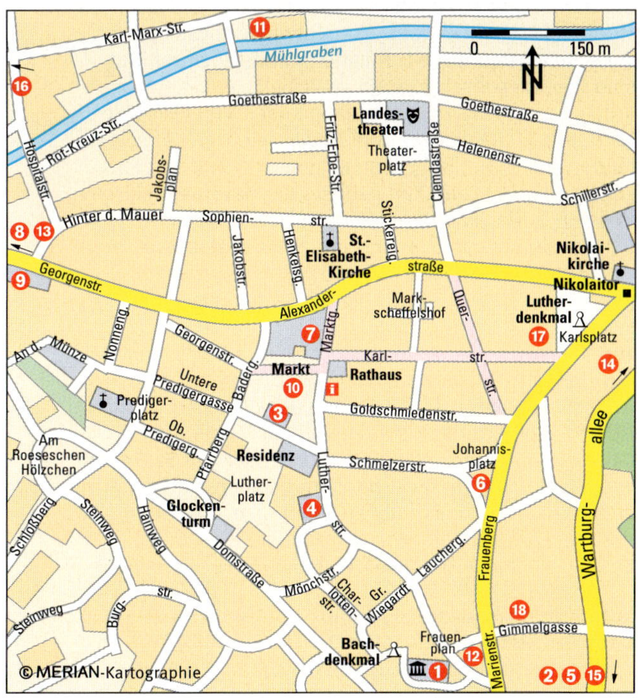

MERIAN | STADTSPAZIERGANG

Brücken und Türme

Die Landeshauptstadt Thüringens Perle

Erfurt ist die Stadt der Brücken und Türme – beide vereint die **Krämerbrücke**: An ihrer östlichen Seite ragt die **Ägidienkirche** empor, an deren Turmportal sich Fachwerkhäuser schmiegen. Dass dieses Ensemble wirklich eine Brücke ist – noch dazu die längste und älteste nördlich der Alpen –, glauben Besucher erst, wenn sie die Lutherstiege hinabsteigen. Einst wateten dort Händler durch die Gera, die an dieser Stelle Breitstrom heißt – an der Furt, der die Stadt ihren Namen verdankt. Die 1325 erbaute Steinbrücke ist die berühmteste der 142 städtischen Brücken.

Breit und golden: Gildehaus und Zum Breiten Herd

Die zentrale Lage der Stadt in Europa ließ den Handel blühen: Pferdewagen mit Salz, Gold und Gewürzen trafen sich auf der **Krämerbrücke**, wo sich Königsstraße und Nord-Süd-Handelsstraße kreuzten. Mittelpunkt des Platzes ist die Statue des **Heiligen Martin**. Erfurts Schutzpatron blickt zum neugotischen **Rathaus**, in dem herrliche Wandgemälde die Thüringer Geschichte illustrieren. Prächtig sind auch die Renaissance-Fassaden am **Haus „Zum Breiten Herd"** und das **Gildehaus**: Die fünf Sinne sowie die vier Tugenden Gerechtigkeit, Klugheit, Mäßigung und Mut sind hier allegorisch in Stein gemeißelt.

Vorbei an der einzigen noch klappernden **Wassermühle** führt eine Einkaufsmeile zum **Anger**, wo einst der seltene Färberwaid (s. S. 134) gehandelt und mit Gold aufgewogen wurde. Innezuhalten gebietet die **Kaufmannskirche**, in der J. S. Bachs Eltern heirateten. Eines der schönsten Renaissanceportale führt in das **Haus Dacheröden**, in dem Schiller, Goethe und Humboldt aus- und eingingen. Von hier ist der **Bartholomäusturm** zu sehen und sein Glockenspiel zu hören.

Turmreiches Erfurt, „erfordia turrita", soll Martin Luther die Stadt genannt haben. Der Reformator lebte im **Augustinerkloster**. In der Marktstraße erhebt sich die **Allerheiligenkirche**, die eine wertvolle Pietà aus dem 14. Jh. birgt. Höhepunkt ist der Blick auf **St. Severi** und **Mariendom.** In dessen Innern beeindruckt der gotische Chor und achtmal im Jahr erklingt die „Königin der Glocken", die Gloriosa. Ihr Ton reicht so weit das Auge von der **Zitadelle Petersberg** schweifen kann.

Tourismus Gesellschaft Erfurt
Benediktsplatz 1, 99084 Erfurt, Tel. (03 61) 664 00
service@erfurt-tourist-info.de, www.erfurt-tourist-info.de

SEHENSWERT

❶ Ägidienkirche
Die östliche von einstmals zwei Brückenkopfkirchen der Krämerbrücke. Vom Turm herrliche Aussicht über die Altstadt. Schwieriger Aufstieg, keine festen Öffnungszeiten.

❷ Angermuseum
Der Pack- und Waagehof der kurmainzischen Statthalter beherbergt über 15 000 Grafiken und Handzeichnungen des 18. bis 20. Jhs. sowie mittelalterliche Kunst.
Anger 18, Tel. (03 61) 55 45 60
www.angermuseum.de
Di-So 10-18 Uhr

❸ Augustinerkloster
Kirche um 1300 erbaut, prächtige Glasfenster, Kreuzgang und „Lutherzelle". Ausstellung erinnert an den Reformator.
Augustiner Str. 10
Tel. (03 61) 57 66 00
www.augustinerkloster.de
Führungen April-Okt. Mo-Sa 10-12, 14-15, So 11, 14, Nov.-März Mo-Sa 10-12, 14-16, So 11, 14-15 Uhr

❹ Haus zum Stockfisch
Die vielfarbige Spätrenaissance-Fassade ist ein beeindruckendes Fotomotiv. Das Stadtmuseum im Innern zeigt Erfurt von der Ur- und Frühgeschichte bis zur Gegenwart.
Johannesstr. 169
Tel. (03 61) 655 56 50
www.stadtmuseum-erfurt.de
Di-So 10-18 Uhr

❺ Krämerbrücke
Das Haus der Stiftungen von 1578 ist zugänglich vom Keller bis zum Obergeschoss. Ausstellung zu Bau- und Sanierungsgeschichte. Auf der 120 m langen Brücke standen 62 Fachwerkhäuser – die längste bebaute und bewohnte Brücke nördlich der Alpen.
Krämerbrücke 31 *tgl. 10-18 Uhr Nov.-April Mo geschl.*

❻ Mariendom
Spätgotisch mit hochgotischem Choranbau und romanischem Turmbereich. Nachfolgebau der Bischofskirche aus dem Jahr 742. Größte frei schwingende mittelalterliche Glocke der Welt, die „Gloriosa".
Domberg *Mai-Okt. Mo-Sa 9-17 Uhr (Nov.-April 16, Sa 16.30), So 14-16 Uhr, Führungen zur „Gloriosa" Apr.-Okt. Do-Sa, nicht 1. Sa im Monat*

Gotik überall: der Dom mit seinem üb

Hübsch: Erfurts Hochzeitsstube neben dem Dom

…genden Chorgestühl und dem himmelhohen Altar

7 Neue Mühle
Als Neubau der mittelalterlichen Martinsmühle 1737 errichtet und bis 1982 privat betrieben. Letzte verbliebene von mehr als 60 Wassermühlen. Heute Museum rund um das Müller-Handwerk mit Sonderausstellungen.
Schlösserstraße 25a
Tel. (03 61) 646 10 59
Di-So 10-18 Uhr

8 Rathaus
Neugotischer Bau von 1874. Wandgemälde mit Szenen aus dem Leben Luthers und der Erfurter Geschichte. Holzgetäfelter Festsaal.
Fischmarkt 1 *Mo, Di, Do 8-18, Mi 8-16, Fr 8-14, Sa, So 10-17 Uhr, außer bei Veranstaltungen*

8 Kunsthalle Erfurt
Gegenüber dem Rathauses im „Haus zum roten Ochsen". Bedeutende Wechselausstellungen mit Malerei, Fotografie oder Plastiken. Auch Objektkunst und räumliche Inszenierungen.
Fischmarkt 7
Tel. (03 61) 655 56 60
www.kunsthalle-erfurt.de
Di-So 11-18, Do 11-22 Uhr

9 St. Severi
Die fünfschiffige frühgotische Hallenkirche war im 12. Jahrhundert Stiftskirche.
Severihof 2 *Mai-Okt. Mo-Fr 9-12.30, 13.30-17 Uhr Nov.-April Mo-Fr 10-12.30 Uhr, 13.30-16 Uhr, Jan. geschl.*

10 Erfurter Gartenausstellung
Die „ega" macht der „Blumenstadt" Erfurt alle Ehre, wie das größte ornamental bepflanzte Blumenbeet Europas beweist. Tropische Pflanzenschauhäuser, Klanggarten, japanischer Garten. Historische Cyriaksburg, Waidmühle. Größter Spielplatz des Freistaats, Kinderbauernhof.
Gothaer Straße 38
Tel. (03 61) 564 37 00
www.ega-erfurt.com
April-Okt. tgl. 8-20 Uhr
Nov.-März 9-18 Uhr

11 Thüringer Zoopark
Rund 1200 Tiere vom Breitmaulnashorn bis zu Giraffe, Löwe und Pelikan. Modernes Raubtierhaus, Vogelvoliere, Streichelzoo mit Ziegen und Bauernhof.
Zum Zoopark 8-10 Tel. (03 61) 75 18 80, www.zoopark-erfurt.de
April-Sept. 9-18 Uhr
Okt.-März 9-16 Uhr

ESSEN & TRINKEN

12 Alboth's Restaurant im Kaisersaal
Regional geprägte Gourmetküche. Gault Millau-Auszeichnung mit 2 Kochmützen als eines der besten Restaurants Deutschlands. Feinschmecker-Prädikat „empfehlenswert" 2005. 330 Lagen Wein. Regelmäßig Kochkurse.
Futterstr. 15/16, Tel. (03 61) 568 82 07 *Di-Sa 18.30 Uhr bis open end* €€€

13 Café Rommel
Konditorei, Konfiserie und ältestes Kaffeehaus der Stadt mit denkmalgeschützter Inneneinrichtung im Wiener Stil. Gartenterrasse. Auch Frühstück, aufwändige Torten, Trüffel und Pralinen.
Johannesstr. 34, Tel. (03 61) 642 26 09 *Di-Fr 9-19 Sa 9-18, So 10-18 Uhr* €

14 Zumnorde
Französische Gourmetküche: Champagnerrisotto mit Trüffel oder pochierte Fasanenbrust. Käseteller und große Weinkarte. Eine Bar, Kaminstube, sogar eine Bibliothek und Garten machen es gemütlich. Kochkurse gibt es auch
Grafengasse 2-6
Tel. (03 61) 658 57 91
Mo-Sa 11.30-24 Uhr
So Sonderangebote €€€

15 Zur hohen Lilie
Deftig: Thüringer Rostbrätel, Rinderroulade, aber auch Pasta. Hier speisten schon Luther, Gustav Adolf von Schweden und Altkanzler Helmut Kohl.
Domplatz 31, Tel. (03 61) 601 19 90 *tgl. ab 11 Uhr bis open end* €

ÜBER NACHT

3 Augustinerkloster
Wohnen, wo Luther als Mönch lebte? Das evangelische Tagungszentrum vermietet 51 Zimmer und richtet sich vor allem an Kultur- und Geschichtsinteressierte. Zentral gelegen.
Augustinerstraße 10
Tel. (03 61) 57 66 00
Fax 664 02 80 €€

17 Landidyll Hotel LinderHof
Vier km vor Erfurt, 15 km von Weimar entfernt. Ideal für Kulturreisende. Mit Gourmetrestaurant, Bürgerstube, Wintergarten, Sauna, Garten. Auch Suiten.
Straße des Friedens 12
99198 Erfurt-Linderbach
Tel. (03 61) 44 18
www.linderhof-erfurt.de €€

MERIAN | STADTSPAZIERGANG

Von imposanter Größe

Ein Schloss als Gesamtkunstwerk

„Gotha ist nicht viel weiter von Erfurt entfernt als Erfurt von Gotha." Solche sinnfreien Zitate haben Johann Georg August Galletti über Generationen gekannt gemacht. Der Gothaer Professor war zwar ein Meister der Stilblüte, aber vor allem Geograph, Hofrat und bedeutender Geschichtsschreiber. Als solcher hat Galletti seinen musealen Platz auf **Schloss Friedenstein** gefunden. Allerdings fällt es ihm schwer, sich gegen die reichen **Kunstsammlungen** aus etlichen Ländern und Epochen zu behaupten. Dem **Ekhof-Theater** (s. S. 75) ist selbst das keine Konkurrenz; das Kleinod bildet den Höhepunkt des Barock-Ensembles. Friedenstein ist das größte frühbarocke Schloss Deutschlands, es soll so viele Zimmer haben, wie das Jahr Tage zählt. Sogar unter der Erde geht es weiter, in den Verteidigungsgängen, den **Kasematten**. Das riesige Anwesen war Herzog Ernst II. von Sachsen-Coburg dennoch zu klein. Hinter dem **Rosengarten** wurde deshalb Ende des 19. Jhs. im Stil der Neorenaissance das Herzogliche Museum gebaut, das heute das größte **Naturmuseum** des Freistaats beherbergt.Im Dienst der Wissenschaft steht die historische **Landesbibliothek**. Neben hunderttausenden Büchern werden dort mehr als 9000 Handschriften aus 12 Jahrhunderten aufbewahrt.

Wuchtig das Schloss, weitläufig der Park: Friedenstein

Ein Schmuckstück ist der Gothaer **Marktplatz**, der von dem prächtigen **Renaissance-Rathaus** beherrscht wird. Zeitweise lebte Herzog Ernst I., der Fromme, in dem Gebäude, das eines der schönsten Portale der Epoche besitzt. Von hier aus lohnt ein Bummel durch die Altstadt, zur **Margarethen-Kirche**, einer dreischiffigen Hallenkirche. Ringsum erinnern reich gestaltete Bürgerhäuser an Bewohner und Gäste wie Lucas Cranach und Martin Luther. Der Reformator wohnte zweimal im **Augustinerkloster**, predigte in der Kirche.

Gotha Information

Hauptmarkt 2, 99867 Gotha, Tel. (036 21) 22 21 38
tourist-info@gotha.de, www.gotha.de

SEHENSWERT

❶ Augustinerkirche und -kloster

Um 1216 als Zisterzienser-Nonnenkloster gegründet, später von Augustinermönchen als erstes Thüringer Augustinerkloster übernommen. Umbau 1366, in der Kirche gotischer Kreuzgang und barocker Innenraum mit Fürstenloge. Martin Luther predigte 1515 hier.
Klosterplatz
Tel. (036 21) 28 34 21
Mo-Fr 10-16, Sa, So 14-16, Nov.-April 10-16 Uhr

❷ Ekhof-Theater

Im Westturm von Schloss Friedenstein residiert das älteste Barocktheater Europas mit vollständig erhaltener Bühnentechnik aus dem Jahr 1681 (siehe Seite 75).
Schloss Friedenstein
Tel. (036 21) 823 40
www.ekhof-festival.de
Di-So 10-17 Uhr

❸ Gothaer Tivoli

Im „Kaltwasserschen Saal" vereinigten sich 1875 ADAV und der SDAP zur Sozialistischen Arbeiterpartei Deutschlands, der späteren SPD. Im Lauf der Zeit wurde das Tivoli als Lazarett, Kindergarten und schließlich als Gedenkstätte genutzt.
Am Tivoli 3, Tel. (036 21) 70 41 27, www.tivoli-gotha.de
Besichtigung nach Absprache

❹ Margarethen-Kirche

Älteste Stadtkirche, 1064 erstmals erwähnt, in den fünfziger Jahren wurden romanische Fundamente freigelegt. Die Gruft war Begräbnisstätte der Gothaer Herzöge. Carl Maria von Weber spielte hier 1812. Der Turm wird zweimal im Jahr zum Café, am Tag des offenen Denkmals und zum Gothardusfest, und bietet herrliche Sicht ins Land.
Neumarkt *Mo-Fr 10-16 Uhr*

❺ Museum der Natur

Vom größten Saurier bis zum kleinsten Insekt – nichts Natürliches ist diesem Museum fremd, Thüringer Wald und Artenschutz werden besonders gewürdigt. Das Neorenaissance-Gebäude ist einer der

bedeutendsten Museumsbauten Deutschlands mit aufwändiger Innenarchitektur.
Parkallee 15, Tel. (036 21) 823 00 *Mai-Okt. Di-So 10-17, Nov.-April 10-16 Uhr*

❻ Rathaus

Baumeister Rudolphi plante nach dem Stadtbrand 1665 den Neuaufbau, noch heute Sitz der Stadtverwaltung. Der 35 Meter hohe Rathausturm überragt die Altstadt, er kann bestiegen werden.
Hauptmarkt 1 *Mo-Do 8-17.30, Fr 8-14.30 Uhr. Turm: April-Okt. 11-18, Nov.-März 11-16 Uhr*

❼ Schloss Friedenstein

Kunstsammlungen mit deutschen und niederländischen Gemälden, Kupferstichen, Plastiken, Antiken- und Ägyptensammlung, Fächersammlung, wertvollem Münzkabinett sowie Kunst des 20. Jhs (siehe Kasten links).
Schloss Friedenstein
Tel. (036 21) 82 34 51
Mai-Okt. Di-So 10-17
Nov.-Apr. 10-16 Uhr

❽ Schlosspark/Orangerie

Der „Herzogliche Park", durch die Parkallee zweigeteilt, umfasst 21 Hektar. Die Anlage entstand ab 1769 unter Leitung des englischen Gartenkünstlers Haberfield zeitgleich mit dem Wörlitzer Park.

Glänzend das Rathaus, lebendig der Markt: Gotha

Besonderheit: ein Teich, der von keiner Stelle aus ganz übersehen werden kann und auf dessen Insel die Begräbnisstätten der letzten Herzöge des Hauses Gotha-Altenburg liegen. Außerdem: dorischer Tempel, Teeschlösschen, Rosengarten.
Friedrichstr. *Immer zugänglich*

❾ St. Bonifatius
Die neuromanische Backsteinkirche von 1856 wurde lange als katholische Schule genutzt und 1990 erneut eingeweiht. Für Besichtigung im Pfarramt nebenan melden.
Schützenallee 22, Tel. (036 21) 364 30 *Mo-Fr 10-16 Uhr*

❿ Wasserkunst
Wird durch ein Pumpwerk im Lucas-Cranach-Haus aus dem Leinakanal versorgt. Die Technik mit ihrer Turbinenanlage aus dem Jahr 1895 wurde 1988 restauriert.
Schlossberg *Mai-Okt.*

ESSEN & TRINKEN

⓫ Alte Sternwarte
Im Grünen nahe dem Tierpark gelegen. Thüringer Klöße sowie Hausmannskost von Geflügel bis Wild und Fisch. Großer Biergarten. Rundwanderweg um den Seeberg.
Florschützstraße 10
Tel. (036 21) 723 90
Mo 17-22, Di, Mi, Fr
Sa 12-22, So 11-20 Uhr €

❼ Pagenhaus
Direkt im Schloss Friedenstein. Traditionelle Einrichtung und Biergarten im Grünen. Thüringer Küche, Fisch und Salate, nach Jahreszeit. Auch Café.
Schloss Friedenstein
Tel. (036 21) 40 36 12
Di-So 11 Uhr bis open end €

⓬ Residenz
Café und Restaurant auf zwei Etagen. Brunch, umfangreiche Mittagskarte mit regionalen Gerichten, Pasta, Steak, Salaten.
Hauptmarkt 20, Tel. (036 21) 22 67 73 *Mo-So 10-24 Uhr* €

⓭ Weinschänke
Denkmalgeschütztes Gemäuer im Zentrum. Regionale Köstlichkeiten und internationale Küche. 80 Plätze.
Gartenstraße 28/Ecke Lutherstr.
Tel. (036 21) 30 10 09
Di-So 11.30-14.30, 18 Uhr bis open end €

⓮ König-Sahl
Erlebnisgastronomie nennt sich, was hier geboten wird, aber das größte Erlebnis ist das selbst gebraute Bier.
Brühl 7
Tel. (03621) 85 25 06
Mo-Do 11-14.30, 18-23 Uhr
Fr-Sa 11-14.30, 18-1Uhr
So 11-14.30 €

ÜBER NACHT

⓯ Landhaus Hotel Romantik
Stilvoll eingerichtetes Landhotel mit Park und Terrasse, Restaurant mit Kamin. Komfortable Zimmer, Suiten mit Himmelbett.
Salzgitterstraße 76
Tel. (036 21) 364 90
www.landhaus-hotel-romantik.de €€

⓰ Hotel am Schlosspark
Direkt am Park gelegen, wenige Minuten von Schloss Friedenstein und Stadtzentrum. 95 komfortable Zimmer, zwei Restaurants, Wellnessbereich mit Dampfsauna und Whirlpool, für Hotelgäste kostenlos.
Lindenauallee 20
Tel. (036 21) 44 20
www.hotel-am-schlosspark.de
€€

AUSFLÜGE

(C 5) Friedrichroda
Kleiner Luftkurort mit drei Trinkpavillons, aus denen die Ludowingerquelle sprudelt, ein kalzium- und sulfathaltiges Heilwasser. In der Marienglashöhle, einem ehemaligen Bergwerk, verbirgt sich eine der größten und schönsten Gipskristallgrotten Europas sowie ein eindrucksvoller Höhlensee. Außerdem sehenswert: das Schloss Reinhardsbrunn.
Tourist-Information
Tel. (036 23) 332 00
www.friedrichroda.de

(D 5) Bach-Stammhaus Wechmar
Im historischen Ortskern steht das Stammhaus der begnadeten Musikerfamilie, in dem Veit und Hans Bach, Vorfahren des berühmten Johann Sebastian, lebten. Die Arbeits- und Wohnstätte mit Küche und Wohnstube aus der Zeit um 1600 ist komplett erhalten. Im Museum der Thüringer Spielleute historische Geigen- und Orgelbauwerkstatt. Großer Stammbaum der Bachfamilie (s. S. 52)
Bachstr. 4, 99869 Wechmar
Tel. (03 62 56) 226 80
www.wechmar-bach.de

MERIAN | STADTSPAZIERGANG

Ginkgo, der Klassiker

Auf den Spuren der kulturellen Blütezeit

Goethe und Schiller stehen vor dem **Deutschen Nationaltheater** **(s. S. 75)**, als hätten sie gerade eine Aufführung besucht. Ein wenig beschreibt Goethes Gedicht vom geteilten Ginkgo-Blatt auch die Geistesbrüder: „Sind es zwei, die sich erlesen, dass man sie als eines kennt." Von ihrem Denkmal aus sehen sie auf die Moderne, auf das **Bauhausmuseum** mit Arbeiten von Gropius und Feininger. Das Leben führte die Dichterfreunde eher in das **Wittumspalais** nebenan, in die Stadtwohnung der Herzogin Anna Amalia. Hier traf man sich zur „Freitagsgesellschaft". Geschäftig ist es in der Schillerstraße, besonders auf dem Zwiebelmarkt, der seit 1653 abgehalten wird. Und während Goethe die Zwiebel lobte, bevorzugte der Freund Früchte. In **Schillers Wohnhaus** roch es zur Inspiration nach faulen Äpfeln – durchaus passend, entstand doch hier der „Wilhelm Tell". Goethe entfloh dem Geruch in sein Haus am Frauenplan. Das barocke **Goethe-Haus** gestaltete das Multitalent nach eigener Farblehre. Die letzte Ruhestätte der beiden Dichter liegt in der Nähe auf dem **Historischen Friedhof** in der barocken **Fürstengruft** – obwohl man bei Schiller immer noch nicht sicher ist. Seinen Lebensabend hat auch Philosoph Friedrich Nietzsche in Weimar verbracht, im **Nietzsche-Archiv** in der „Villa Silberblick" ist er präsent. Ein Name mit Klang ist Franz Liszt, der sich in unzähligen Briefen mit Europas Musikern austauschte und so den Ruf Weimars förderte – zu sehen im **Liszt-Haus**. Trauern würden die Prominenten der Klassiker heute angesichts der abgebrannten **Anna-Amalia-Bibliothek**. Gegenüber auf dem Platz der Demokratie steht das **Fürstenhaus**, dahinter Weimars ältester Ginkgobaum.

Beide Cranachs bauten den Altar in St. Peter und Paul

Auf dem Markt dann das **Cranach-Haus**, in dem der Maler vor seinem Tod lebte. Für die **Stadtkirche St. Peter und Paul** haben Lucas Cranach der Ältere und sein Sohn das Altarbild angefertigt. Der Humanist Johann Gottfried Herder war dort Hofprediger – darum auch Herderkirche. Im **Goethe-Schiller-Archiv** schließlich sind sie alle beisammen: Herder, Nietzsche, Liszt und die beiden Dichter. Untrennbar wie das doppelte Ginkgo-Blatt.

Tourist-Information Weimar
Markt 10, 99423 Weimar, Tel. (036 43) 74 50
tourist-info@weimar.de, www.weimar.de

Erst Wohnsitz, dann Goethes stilles Plätzchen, heute ein Schmuckstü

SEHENSWERT

❶ Bauhaus-Museum
Der Gründungsort des Bauhauses besitzt die weltweit größte und älteste Sammlung an Möbeln, Metallarbeiten und Entwürfen von Marcel Breuer, Marianne Brandt, Walter Gropius.
Theaterplatz *April-Okt. Di-So 10-18, Nov.-März bis 16 Uhr*

❷ Fürstengruft
In dem schlichten Rechteckbau mit achteckiger Kuppel ruhen Herzog Wilhelm IV. und seine Nachkommen, Goethe und Schiller (?) in Eichensarkophagen. Eine russisch-orthodoxe Kapelle wurde für Großherzogin Maria Pawlowna angebaut.
Am Poseckschen Garten
Apr.-Okt. tgl. 10-18
Nov.-März bis 16 Uhr

❸ Goethes Wohnhaus/ Nationalarchiv
Zu Hause beim Dichterfürsten, der hier mit Christiane Vulpius und Sohn August lebte. Arbeitszimmer, Bibliothek und Garten sind authentisch erhalten. Dazu Goethes Sammlung zu Kunst und Naturwissenschaft mit rund 50 000 Exponaten.
Frauenplan 1 *Apr.-Okt. Di-So 9-18 Uhr, Sa bis 19 Uhr*
Nov.-März Di-So 9-16 Uhr

❹ Goethes Gartenhaus
Das bescheidene Anwesen präsentiert sich so wie 1820 mit authentischen Möbeln und farbigen Wandbespannungen. Goethe selbst hat den Garten angelegt. Tafeln informieren über seine Aufenthalte und die Geschichte des Hauses.
Im Park an der Ilm
Apr.-Okt. tgl. 10-18 Uhr
Nov.-März bis 16 Uhr

❺ Herzogin-Anna-Amalia-Bibliothek
Öffentliche Führung durch das Studienzentrum der Herzogin-Anna-Amalia-Bibliothek (s. auch S. 35)
Platz der Demokratie 4
Tel. (036 43) 54 52 05
www.weimar-klassik.de
Ausleihe Mo-Fr 9-18
Sa bis 16 Uhr. Lesesaal
Mo-Fr 9-21, Sa bis 16 Uhr

❻ Liszt-Haus
Der Musiker lebte hier vor allem in den Sommermonaten, nach seinem Tod wurde die Wohnung auf Geheiß von Großherzog Carl Alexander unverändert zur Gedenkstätte. Briefe, Porträts, Erinnerungsstücke aus aller Welt.
Marienstr. 17 *April-Okt. Mi-So 10-18 Uhr, Nov.-März geschl.*

❼ Schiller-Haus
Nur drei Jahre konnte sich der Literat bis zu seinem Tod 1805 an dem Haus erfreuen. In der Mansarde war sein Arbeits-, schließlich Sterbezimmer. Auch Wohn- und Gesellschaftszimmer sind zu sehen.
Schillerstr. 12 *Apr.-Okt. tägl 9-18, Sa bis 19 Uhr. Ab 11.10. Di geschl., Nov.-März 9-16 Uhr*

en an der Ilm: das Gartenhaus

8 Schloss Belvedere
Elegantes Lustschlösschen aus dem 18. Jh. Kostbare Porzellane, Möbel und Serpentinobjekte. Festsaal, Silberner Salon und Pavillons restauriert. Ausstellung zur Gartenkunst.
Schloss Belvedere *Apr.-15. Okt. Di-So 10-18, 16.-31. Okt. bis 16 Uhr, Nov.-März geschl.*

9 St. Peter und Paul (Herderkirche)
Erstmals 1245 erwähnt. Begräbnisstätte von Herzogin Anna Amalia und Johann Gottfried Herder, der hier 27 Jahre Pfarrer und Generalsuperintendent war. Im 2. Weltkrieg völlig zerstört, Wiederaufbau 1953.
Herderplatz *April-Okt. Mo-Sa 10-12, 14-16, So 11-12, 14-15, Nov.-März 11-12, 14-15 Uhr*

10 Nietzsche-Archiv
Der Philosoph verbrachte hier die letzten Jahre seines Lebens. Seine Schwester richtete das Archiv ein, das mittlerweile zur Anna-Amalia-Bibliothek gehört. Das Haus ist vor allem wegen der Innenarchitektur Henry van de Veldes sehenswert. Dokumentation über widerspruchsvolle Geschichte des Archivs und „Nietzsche-Kult".
Humboldtstr. 36 *Di-So 13-18 Uhr, Nov.-März geschl.*

11 Haus am Horn
Einziges architektonisches Zeugnis des Bauhauses in Weimar. Zur Bauhaus-Ausstellung 1923 von Georg Muche errichtet. Seit 1996 UNESCO-Weltkulturerbe. Wechselnde Ausstellungen.
Am Horn 61, 99425 Weimar
Tel. (036 43) 90 40 56
www.hausamhorn.de
Mi,Sa,So 10-18 Uhr

ESSEN & TRINKEN

12 Alte Remise
Herrlich angerichtete Köstlichkeiten, Menüs auf Jahreszeit und Region abgestimmt. Schwere Kost leicht interpretiert wie Eisbeinfleisch mit jungem Lauch und Kresse. Freiluftplätze und Festscheune.
Hauptstr. 14
Tel. (036 43) 90 81 16
Mi-Mo 11.30-22 Uhr €

13 Alt-Weimar
Moderne Gourmetküche mit rund zehn Hauptgerichten, mediterrane Züge. Vier-Gänge-Tagesmenü ab 36 Euro. Weinlokal mit großer Auswahl auch an Thüringer und Sächsischen Weinen. Günter Grass, Sigrid Damm, der Bundeskanzler und Fürsten speisten hier schon. Terrasse und Garten.
Prellerstr. 2, Tel. (036 43) 861 90 *tägl. 12-23 Uhr* €€

14 Anna Amalia
Laut Magazin *Der Feinschmecker* eines der zehn besten Restaurants Deutschlands. Chefkoch Marcello Fabbri zaubert exquisite deutsch-italienische Gourmetküche im Restaurant des Hotel Elephant. Terrasse.
Markt 19, Tel. (036 43) 80 26 39 *Mai-Sept. Di-So 12-14.30, 18.30-23.30 Uhr, Okt.-April Di-Sa 18.30-23.30 Uhr* €€€

15 Louis
Gratins, Salate, sehr gute thailändische Küche und leckere Cocktails. Im Museum Kirms-Krackow-Haus mit Barockzimmer und bezauberndem Blumengarten.
Jakobstr. 10, Tel. (036 43) 80 16 81 *Di-So 12-24 Uhr* €

16 Residenz Café
Frühstück, große Salatauswahl, Pasta und Hausmannskost. Das „Resi", ältestes Kaffeehaus der Stadt, ist bei Weimarern beliebt. Gemütliche Einrichtung, Wintergarten und Terrasse.
Grüner Markt 4
Tel. (036 43) 594 08
Mo-Fr 8-1, Sa, So 9-1 Uhr €

17 Shakespeares
Moderne Gaststätte mit regionaler und internationaler Küche. Ruhiger Biergarten im Innenhof. Im Keller Aufführungen des Galli-Theaters.
Windischenstr. 4, Tel. (036 43) 90 12 85 *täglich 12-1 Uhr* €

18 Zum Zwiebel
Selbstverständlich Zwiebelkuchen, aber auch Rostbrätel, Bratwurst oder Thüringer Schlachtplatte mit frischem Brot. Rustikale Einrichtung und Biergarten.
Teichgasse 6, Tel. (036 43) 50 23 75 *Jan.-März tgl. 18-1 April-Dez. tgl. 11-1 Uhr* €

ÜBER NACHT

19 Amalienhof Weimar
23 klassizistisch möblierte Zimmer, edle Details, Gemälde der Weimarer Malschule. Mitten in der Altstadt.
Amalienstr. 2, Tel. (036 43) 54 90, www.amalienhof-weimar.de €€

14 Hotel Elephant
Hier ist alles Luxus – der Blick auf den Marktplatz, die feinen Zimmer mit echten Gemälden, das Flair von Welt, das Gäste wie Goethe, Schiller oder Bach hinterlassen haben. Holzgetäfelte Bibliothek und Kamin. Mehr als 300 Jahre Hoteltradition, ein Michelin-Stern.
Markt 19, Tel. (036 43) 80 20
www.luxurycollection.com/elephant €€€€

17 Ginkgo Appartements
Zwei Ferien-Appartements im 2. OG des Ginkgo-Museums. 40 m², mit Pantry, großem Wohn- und Schlafzimmer.
Windischenstr. 1
Tel. (036 43) 80 54 52
www.planet-weimar.de €

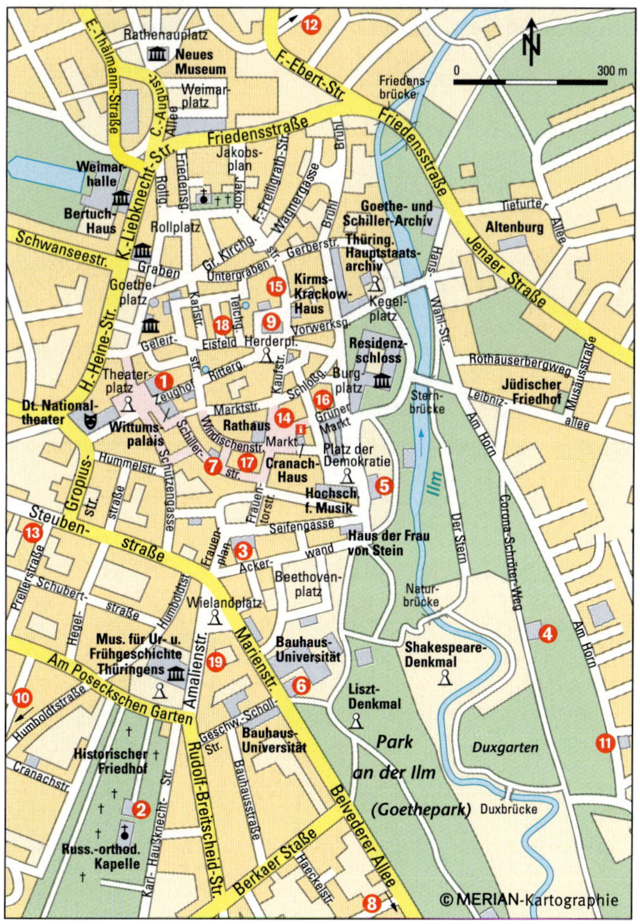

Sagenhaft

Geschichten und Legenden rund um die „deutscheste der Burgen"

Stolz und erhaben thront die mächtige Burganlage hoch über Eisenach und dem Thüringer Wald. Von weither sichtbar sind ihr trutziger Bergfried mit Kreuz und Flagge, der massige romanische Hauptbau und die Wehrgänge aus Fachwerk. Auch wenn die **Wartburg** mit ihren unterschiedlichen Baustilen nicht gerade einheitlich wirkt, ist sie dennoch zu einem Nationaldenkmal und Sinnbild der deutschen Einheit geworden. Die Historie der Festung liest sich wie ein Streifzug durch die deutsche Kulturgeschichte, die Liste ihrer Bewohner und Besucher wie ein „Who's Who" historischer Prominenz: Walther von der Vogelweide und die fromme Elisabeth, Martin Luther, Goethe und im 19. Jh. demonstrierten hier unzufriedene Studenten. Doch die Wartburg, die 1999 von der UNESCO zum Weltkulturerbe gekürt wurde, hat außer Fakten auch unzählige Sagen und Legenden zu bieten.

Die Gründung der Burg um 1067 hat bereits Sagencharakter: „Wart' Berg, du sollst mir eine Burg werden", soll Landgraf **Ludwig der Springer** beim Anblick des schroffen Felsens gerufen und damit der späteren Festung bereits ihren Namen gegeben haben. Da das Land nicht ihm gehörte, ließ er kurzerhand Erde von seinem eigenen Grund und Boden herbeischaffen und regelte auf diese Weise die Besitzverhältnisse – so zumindest geht die Legende.

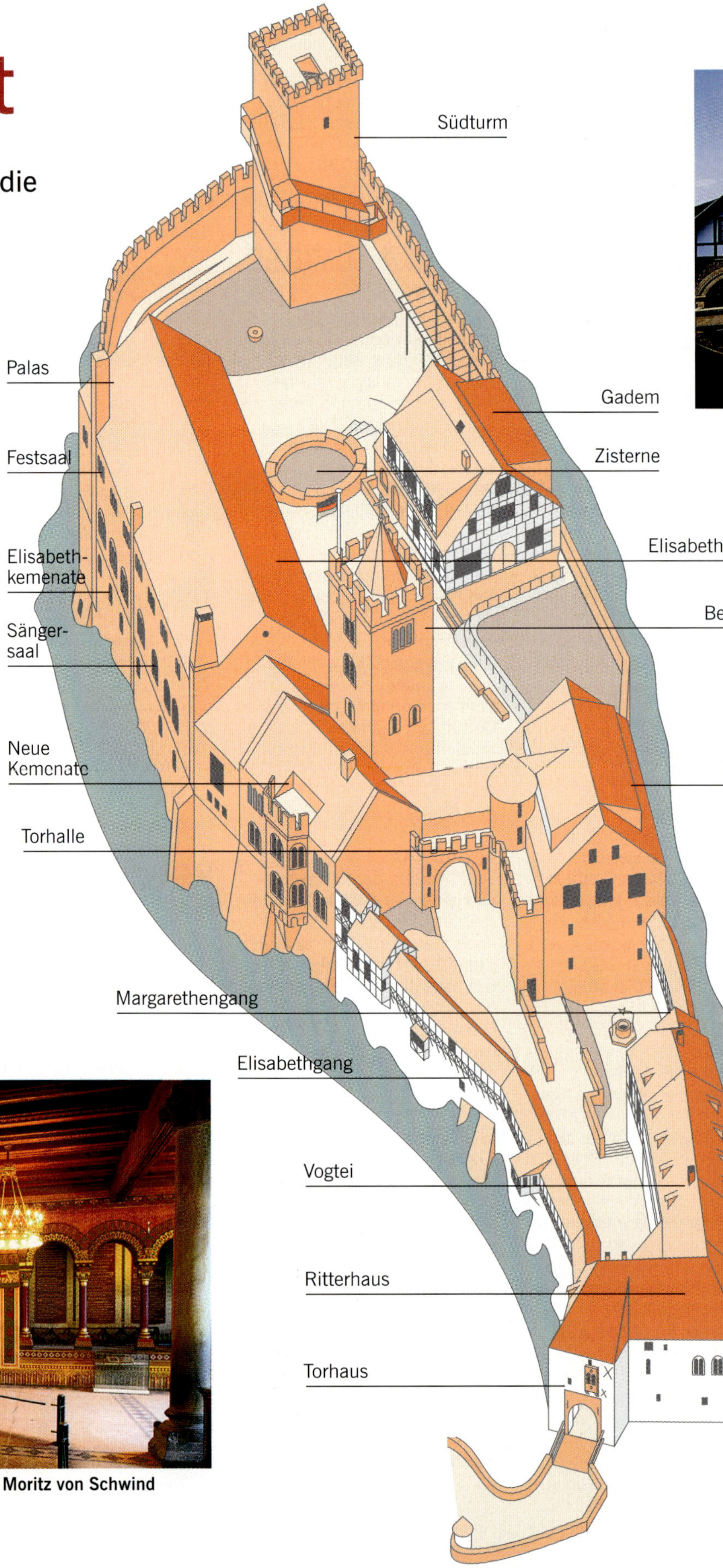

Wo mittelalterliche Sänger stritten, malte Moritz von Schwind

Blick vom alten Südturm auf den Bergfried, noch keine 200 Jahre alt

Der älteste erhaltene Gebäudeteil ist der romanische Saalbau mit seinen Arkaden, genannt Palas, der Mitte des 12. Jhs. erbaut wurde. In der Blütezeit der höfisch-ritterlichen Kultur fand dort angeblich **1206** der legendäre Sängerstreit statt: Sechs angesehene Dichter, darunter **Wolfram von Eschenbach** und **Walther von der Vogelweide**, buhlten mit ihren Liedern um die Gunst ihres Gastgebers Hermann I. und trällerten, was das Zeug hielt.

Die ungarische Königstochter **Elisabeth** lebte von **1211 bis 1228** als Braut und Gemahlin Ludwigs IV. von Thüringen auf der Burg. Sie konnte dem höfischen Leben wenig abgewinnen und widmete sich lieber den Armen und Kranken. Um denen zu helfen, gelang es ihr sogar, Brot in Rosen zu verwandeln und ihre Tätigkeit so zu verbergen. In der **Elisabethgalerie** und der gleichnamigen **Kemenate** wurde das Leben der bald nach ihrem Tod Heiliggesprochenen in Fresken und Mosaiken festgehalten.

Der berühmteste Bewohner der Wartburg war Martin Luther – und der berühmteste Tintenfleck der Welt prangte in der im Fachwerkstil des 15. Jhs. erbauten **Vogtei**, wo der Reformator, vom Kaiser geächtet, **1521** Unterschlupf fand. In seiner Kammer übersetzte er das Neue Testament ins Deutsche. Dort soll ihn auch der Teufel belästigt haben, den Luther wutentbrannt mit dem Tintenfass attackierte. Den Fleck an der Wand haben Pilger im Laufe der Zeit abgeschabt.

Als **Goethe 1777** zum ersten Mal vorbeischaute, präsentierte sich die Wartburg in ruinösem Zustand, denn sie fungierte schon lange nicht mehr als herrschaftlicher Hauptsitz. Trotzdem genoss Goethe die Burg und ihre lauschigen „Eckchen" und regte die Einrichtung eines Museums an. **1817** rückten 500 Studenten die Wartburg erneut ins Zentrum des Interesses. Den Jahrestag der deutschen Befreiungskriege und der Reformation nahmen die „lieben Brauseköpfe", wie Goethe die jungen Burschen nannte, zum Anlass, für Deutschlands Einheit zu demonstrieren.

Die Erneuerung erfolgte im 19. Jh.: Endlich wurde auch dem Herrscherhaus Sachsen-Weimar-Eisenach die Bedeutung der Wartburg bewusst – **Erbgroßherzog Carl Alexander** beschloss eine umfangreiche Renovierung. Unter dem Architekten Hugo von Ritgen entstanden zahlreiche historisierende Neubauten wie der **Bergfried,** die **Neue Kemenate** und die **Torhalle**. Auch die prachtvolle Ausgestaltung der Innenräume geht auf diese Zeit zurück. Der **Festsaal** besticht durch eine imposante Kassettendecke, im **Sängersaal** erzählt ein Fresko von Moritz von Schwind die Legende des Sängerstreits.

„Deutscheste aller Burgen" wurde die Wartburg bereits im 19. Jh. genannt. Durch ihre Lage an der innerdeutschen Grenze wurde sie einmal mehr zum Symbol nationaler Einheit, nach dem Mauerfall kamen Hunderttausende aus Ost und West.

Wartburg-Stiftung, Auf der Wartburg, 99817 Eisenach, Tel. (036 91) 25 00. www.wartburg.de *Führungen März-Okt. 8.30-17 Uhr, Torschluss 20 Uhr. Nov.-Feb. Führungen 9-15.30, Torschluss 17 Uhr. Eintritt 6,50 €, erm. 5,50 €, Schüler 3,50 €*

Text: Barbara Cimander

Luthers Studierstube – ohne Fleck

MERIAN | TIPP

Pariser Luft

Alle drei Jahre hält in der Kleinstadt Apolda die Prominenz Hof. Denn es ist Tradition, dass die Vergabe des Europäischen Designpreises in Apolda von einem berühmten Modemacher begleitet wird, der wie Karl Lagerfeld auch noch selbst eine Ausstellung hat. Der hoch dotierte Preis ist mittlerweile zu einem Markenzeichen in der europäischen Modewelt geworden – die 25 besten Designhochschulen werden eingeladen, jeweils ihre besten zwei Diplomarbeiten einzureichen. Das Programm im Kunsthaus Apolda ist mindestens genauso spannend: Ausstellungen von Liebermann, Toulouse-Lautrec, Goya, Kimberley Austin sind Leckerbissen für Kunstfreunde.

(G 4) Kunsthaus Apolda Avantgarde
Bahnhofstr. 42, 99510 Apolda
Tel. (036 44) 56 24 80
www.kunsthausapolda.de

Jedes Jahr dabei: Preisverleiher und -träger Lagerfeld

NORDTHÜRINGEN UND EICHSFELD

(C 2) Bodenstein
Burg Bodenstein
Fast 1000 Jahre alt, später zum Schloss umgebaut. Zentrum der Lutherischen Reformation. Heute Evangelische Familienerholungsstätte mit vielen kulturellen Angeboten. Wunderschöner Rosengarten.
Burgstr. 1, Tel. (03 60 74) 970
www.burg-bodenstein.de
Führungen Sa, So 14.30, 16 Uhr

(A 2) Bornhagen
Burg Hanstein
Eine der berühmtesten Anlagen Thüringens. Erreichte ihre Ausmaße in 200-jähriger Bauzeit. Vom Nordturm tolle Sicht, mit Glück bis zum Brocken. Unterhalb der Burg liegt der historische Gasthof Klausenhof.
GV Bornhagen
Tel./Fax (03 60 81) 613 11
März-Nov. tgl. 10-18
Dez.-Feb. tgl. 10-16 Uhr

(C 3) Mühlhausen
Bauernkriegsmuseum Kornmarktkirche
Einzigartige Dauerausstellung „Mühlhausen 1525" zum Bauernkrieg mit Schwerpunkt Mitteldeutschland. Präsentation in der ehemaligen Klosterkirche.
Kornmarkt
Tel. (036 01) 87 00 21
www.muehlhaeuser-museen.de
Mai-Okt. Di-So 10-17
Nov.-April Di-So 11-17 Uhr

Historische Wehranlage
Nahezu vollständig erhaltener mittelalterlicher Stadtmauerring, imposante Wehranlagen. Mehr als 300 Meter begehbar.
Am Frauentor
Tel. (036 01) 81 60 20
www.muehlhaeuser-museen.de
April-Okt. Di-So 10-17 Uhr

Divi Blasii Kirche
Vom Deutschen Orden errichtete, große gotische Kirche aus dem 13./14. Jh. 1707-08 spielte Bach hier. Kirchen-, Orgelführungen nach Absprache.
Untermarkt
Tel. (036 01) 44 65 16
www.muehlhausen.de
April-Okt. Mo-Sa 10-12.30, 13-17 Uhr und nach Anmeldung

(D 1) Neustadt/Harz
Burgruine Hohnstein
Eine der besterhaltenen Burgruinen im Harz, fast 900 Jahre alt. Stammburg der Grafen von Hohnstein. Gemütlicher Gasthof am Fuße.
Tel. (03 63 31) 490 49
www.burghohnstein.de
Gasthof: Di-So 11-22 Uhr

(E 2) Rottleben
Barbarossahöhle
1865 von Bergleuten entdeckt, 700 Meter lange Wege mit kristallklaren, blaugrün schimmernden Seen. Bizarre, wunderschöne Formen und Farben.
Mühlen 6, Tel. (03 46 71) 54 50, www.hoehle.de
April-Okt. tgl. 10-17 Uhr
Nov.-März Di-So 10-16 Uhr

(D 2) Sondershausen
Residenzschloss
Fürstensitz, Stilelemente der Renaissance, des Barock, Rokoko und Klassizismus. Museum mit Wohnräumen, Landes- und Musikgeschichte. Hauptattraktion ist die „Goldene Kutsche", die einzige französische Prunkkarosse auf deutschem Boden.
Tel. (036 32) 66 31 20
April-Sept. Di-So 10-17 Uhr, Okt.-März bis 16 Uhr

Possenturm
Mit über 40 m der höchste Fachwerkturm Europas. 1781 in nur elf Monaten erbaut. Angrenzendes Jagdschloss war Sommersitz der Fürsten von Schwarzburg-Sondershausen. Heute Gaststätte. Tiergehege.
Possen 1, Tel. (036 32) 78 28 84
www.possen.de
Mo-Fr 13.30-17 Uhr

(C 2) Worbis
St. Antonius
Kirche mit opulenter, spätbarocker Innenausstattung, Hochaltar mit vier Nebenaltären. Ursprünglich als einfache Klosterkirche 1677 entstanden, 1765 von Franziskanern umgestaltet.
Untertor, Tel. (03 60 74) 948 20
tgl. geöffnet

THÜRINGENS MITTE

(E 5) Arnstadt
Mon plaisir
Fürstin Auguste Dorothea hat die barocke Puppenstadt gefertigt, voller liebevoller Details, mit Miniaturhausrat und prächtigen Kleidern. Sammlung im Schlossmuseum Arnstadt im „Neuen Palais".
Schlossplatz 1
Tel. (036 28) 60 29 32
www.arnstadt.de, *Di-So 9.30-16.30 Uhr*

Johann-Sebastian-Bach-Kirche
Erwähnt erstmals 1333, 1676 nach Brand neu errichtet. Mit

Seit 1000 Jahren obenauf: die Burgruine Gleichen und ihre Schwester Wachenburg

barocker Wenderorgel. Der junge Bach hat sie geprüft und abgenommen. Er wurde zum Organist berufen und bleibt vier Jahre in Arnstadt. Außerdem: romantische Steinmeyerorgel.
Am Markt
Tel. (036 28) 74 09 60
www.arnstadt.de
Mo-Sa 10-16, So 11-15.30 Uhr

(D 5) Mühlberg
St. Lukas
Reich ausgestattete Barockkirche, besonders sehenswert sind Kanzel, Orgel und „Himmel". 500 Jahre alte Seccomalereien im Kirchenschiff.
Goethestr. 2
Tel. (03 62 56) 807 26
www.pfarramt-muehlberg.de
tgl. 8-18 Uhr

(D/E 5) Mühlberg, Wandersleben, Holzhausen
Drei Gleichen
Mittelalterliche Burgen, auf drei Bergkuppen zwischen Arnstadt und Gotha gelegen: Mühlburg, Burg Gleichen und Wachsenburg. Mühlburg 704 erstmals erwähnt, der Bergfried aus dem 13. Jh. gehört zu den ältesten erhaltenen Resten. Burg Gleichen, erbaut zu Beginn des 11. Jhs, präsentiert sich als geschlossene Ruinenanlage. In der Wachsenburg Burgmuseum, Hotel und Restaurant.
Mühlburg: Markt 15, Mühlberg
Tel. (03 62 56) 228 46
März-Okt. Mo-Fr 10-17 Uhr
Sa, So 10-18 Uhr
Burg Gleichen: Wandersleben
Tel. (03 62 02) 824 40
www.drei-gleichen.de
April-Okt. tgl. 9-18, Nov., Dez. März tgl. 9-17, Jan. Feb., Sa, So 9-17 Uhr
Wachsenburg: Holzhausen
Tel. (036 28) 742 40
www.veste-wachsenburg.de
April-Okt. tgl. 11-17, Nov.-März Di-So 11-16; Burghof ab 7 Uhr

(E 3) Weißensee
Runneburg
Gebaut auf Geheiß der Landgräfin Jutta Claricia, einer Schwester Kaiser Barbarossas. Mittelalterliche, funktionstüchtige Steinschleuder. Traditionelles Schießen zu Pfingsten.
Runneburg 1
Tel. (03 63 74) 207 85
www.runneburg.de
tgl. 9.30-16.30, Mai-Okt. Sa/So 10.30-16.30 Uhr

Rathaus
Ältestes Rathaus Thüringens, Substanz von 1200, Erweiterungen aus dem 15. und 16. Jh. Stilelemente der Romanik und Renaissance. Gemütliche Ratsbrauerei im Marstall.
Marktplatz 26
Tel. (03 63 74) 22 00
www.landgrafenstadt.de
Mo-Fr 9-16 Uhr

THÜRINGER WALD UND RHÖN

(B 5) Bad Salzungen
Reiche Solequellen führten zur Gründung des Ortes vor über 1200 Jahren. Zwei Gradier-Anlagen im verspielten Fachwerkstil mit orientalisch wirkenden Pavillons. Hübsche Altstadtgassen, Kurpark und Burgsee.
Kurverwaltung, Am Flößrasen 1
Tel. (036 95) 69 34 11
www.badsalzungen.de

(B 4) Creuzburg
Burg Creuzburg
Residenz der Landgrafen, Blütezeit im 12./13. Jh. Eine der größten romanischen Burganlagen Deutschlands, saniert 1997. Konzerte im Festsaal.
Tel. (03 69 26) 825 33
Apr.-Okt. Di-So 10-17
Nov.-März Sa, So 10-16 Uhr

(D 6) Elgersburg
Schutzburg, eine der ältesten und schönsten im Freistaat, auf 500 m hohem Felsen gelegen. Führungen, auch zum 7 m tiefen Verlies.
Burgstr. 3, Tel. (036 77) 79 22 20
www.elgersburg.com
Mo-Fr 9-17, Sa, So 14-17 Uhr

(D 8) Heldburg
Veste Heldburg
Malerische Burgzinnen und Türme, reiche Steinbildkunst, eleganter Renaissance-Stil. Legende vom hl. Georg als Drachentöter auf monumentalem Wandgemälde. Aussichtsturm.
Burgstr. 215
Tel. (03 68 71) 212 10
www.bad-colberg-heldburg.de
April-Okt. Di-So 10-18
Nov.-März Di-So 10-17 Uhr

(D/E 6) Ilmenau
Goethe-Häuschen
Die Wanderung zum Kickelhahn ist ein Muss für Freunde der Dichtkunst. 1780 schrieb Goethe in die Bretter des Häuschens sein „Wanderers Nachtlied". 1870 brannte die Hütte ab, heute ehrt ein Nachbau den Platz.
Auf dem Kickelhahn
Immer zugänglich

(D 7) Kloster Veßra
Reizvolle Anlage des einstigen Prämonstratenser-Chorherrenstifts. Romanische und gotische Bauten, vollständige Klostermauer. Im Kloster arbeitet das Hennebergische Museum zu Geschichte und Volkskunde der Region.
Tel. (03 68 73) 690 30
www.museumklostervessra.de
Apr. Di-So 9-18, Mai-Sept. tgl. 9-18, Okt-März Di-So 10-17 Uhr

(C 6) Meiningen
Schloss Elisabethenburg
Beeindruckende Zeugnisse von Barock, Neorenaissance und Klassizismus, erbaut ab 1692. Kunstsammlungen im historischen Interieur, Geschichte der Hofkapelle mit Notenhandschriften. Musikinstrumentensammlung.
Schlossplatz 1
Tel. (036 93) 50 36 41
www.meiningermuseen.de
Di-So 10-18 Uhr

Mittendrin

Wer Thüringen durchstreift, der könnte auch ein Foto am Mittelpunkt Deutschlands knipsen. Oder zwei oder drei oder vier. Auf das erste Foto kommt **Niederdorla** (C 3) nahe dem Hainich. Experten haben den nördlichsten Punkt des Landes mit dem südlichsten sowie den östlichsten mit dem westlichsten Grenzpunkt verbunden. Am Schnittpunkt steht hier nun eine 12 Meter hohe Linde und im Kalender das Mittelpunktsfest. Aber mittendrin fühlt sich auch **Silberhausen** (C 3), 25 Kilometer entfernt. Ein Ruheständler hat die Deutschlandkarte aus Holz ausgesägt und ausbalanciert. Der Schwerpunkt und damit der Mittelpunkt ergibt sich in Silberhausen. Wo sonst. Ein freundliches Fotolächeln setzt **Flinsberg bei Heiligenstadt** (B 2) dagegen. Ein Geographiestudent hat bescheinigt, dass von hier aus die meisten Grenzpunkte Deutschlands auf kürzestem Wege erreichbar sind. Seitdem stellt der Bürgermeister amtliche Mittelpunktsbesuchs-Urkunden aus. Das bietet Anlass zu Streit mit **Landstreit** (C 4). Dieser Ort liegt zehn Kilometer von der Wartburg entfernt. Und wurde auch ausbalanciert, diesmal statt mit einer Laubsägearbeit mit einem Computermodell. Gemittelt deckt sich alle Rechnerei bisher nur in einem Punkt: Thüringen liegt mittendrin.

MERIAN | MONUMENTALKUNST

Umstrittener Kopf

Der letzte Pinselstrich, die Signatur am 16. Oktober 1987. Elf Jahre hat der Leipziger Künstler **Werner Tübke** an dem monumentalen Panoramagemälde „Frühbürgerliche Revolution in Deutschland" gearbeitet und eines der größten Kunstprojekte des 20. Jahrhunderts umgesetzt. 1722 Quadratmeter Geschichte und Gedanken.
Freie Gedanken, wie Tübke selbst immer betonte, auch wenn es ein Auftragswerk der DDR-Funktionäre war. Denen schwebte ein klassisches Schlachtpanorama in Bad Frankenhausen vor, wo das letzte Entscheidungsgefecht des Bauernkrieges stattgefunden hat.
Statt zu dokumentieren, wollte Tübke jedoch mit metaphorischen Mitteln und künstlerischer Überhöhung den Blick weiten. So wird der Betrachter in einen leuchtenden Farbstrudel historischer Zitate vom Spätmittelalter bis zur Neuzeit hineingesogen. Unter 3000 Figuren befindet sich als Harlekin auch Tübke selbst. Vielleicht, weil der alles ungestraft sagen darf, auch, dass sich Geschichte immer wiederholt. Wie in dem Rundgemälde, das weder Anfang noch Ende besitzt. Diese Deutung passte so gar nicht ins Bild der DDR – und doch hatte Tübke fast freie Hand. Das Projekt beäugten auch die Anwohner in Bad Frankenhausen mit Argwohn und nach der Wende wollten viele das ungeliebte „Elefantenklo" schließen. Heute ist es ein Kunstmuseum, ganz so, wie Tübke es wollte. „Er hat seinen Kopf durchgesetzt", sagt der Direktor. Und der Kopf hat schon bald zwei Millionen Besucher angelockt, ein Umstrittener, der vor seinem Tod 2004 bereits zu den bedeutendsten Künstlern des vorigen Jahrhunderts gehörte.

(E 2) **Panorama Museum** Am Schlachtberg 9
Tel. (03 46 71) 61 90, www.panorama-museum.de *Nov.-März Di-So 10-17, Apr.-Okt. bis 18, Juli-Aug. auch Mo 13-18 Uhr*

1700 Quadratmeter Geschichte: Tübkes Panorama

Dampflokwerk Meiningen
Es gibt sie noch, die schnaufenden Stahlrösser. Seit 100 Jahren werden hier Dampfloks hergerichtet. Mit Lokrichthalle, Lagergießerei, Kesselschmiede.
Am Flutgraben 2
Tel. (036 93) 85 16 02
www.dampflokwerk.de
Führungen jeden ersten und dritten Sa im Monat 10 Uhr

Goetz-Höhle
1915 von Reinhold Goetz entdeckte Kluft- und Spalthöhle, die größte für Besucher geöffnete in Deutschland, mit 50 m hohen Schluchten. Vor rund 20 000 Jahren entstanden.
Am Dietrich
Tel. (036 93) 50 34 84
www.goetz-hoehle.de
Mai-Sept. 10-17 Uhr
Okt.-April 11-15 Uhr

(E 6) Mellenbach-Glasbach
Oberweißbacher Bergbahn
Einzige Standseilbahn auf Normalgleis, 1923 eröffnet. Die roten Wagen meistern eine Steigung von 25 Prozent und überwinden 323 Höhenmeter. Im Zielort Lichtenhain grandiose Aussicht über den Thüringer Wald.
An der Bergbahn 1
Tel. (03 67 05) 201 34
www.oberweissbacher-bergbahn.com

(D 6) Oberhof
Thüringer Wintersportausstellung
Die schnellsten Bobs der Welt fahren mit Know-How aus Oberhof. Über 4000 Stücke von Bobs über Biathlon-Gewehre bis zu Rennschlitten.
Crawinkler Str. 1/Oberer Hof
Tel. (03 68 42) 522 37
www.thueringer-wintersportausstellung.de
Mo-So 10-17 Uhr

Rennsteiggarten
Enzian und Adonisröschen gedeihen hier prächtig, ebenso 4000 weitere Pflanzenarten aus den Gebirgen der Erde. Kühle Temperaturen und viel Regen ermöglichen die Vielfalt.
Am Pfanntalskopf 3
Tel. (03 68 42) 222 45
www.rennsteiggartenoberhof.de
Mitte April-Sept. tgl. 9-18 Uhr
Okt.-Nov. tgl. 9-17 Uhr

(C 5) Ruhla
Miniaturpark mini-a-thür
Ganz Thüringen in einem Spaziergang. Wartburg, Goethe-Häuschen oder Dornburger Schlösser – rund 70 originalgetreue Modelle auf einem großzügigen Gelände. Ein Muss für Kurzurlauber.
Geschwister-Scholl-Str.
Tel. (03 69 29) 800 08
www.mini-a-thuer.de
Mitte Apr.-Okt. tgl. 10-18 Uhr

(C 5/6) Schmalkalden
Schloss Wilhelmsburg
Herrliche Festsäle, reich an Wandmalereien und Stuckarbeiten. Schlosskirche mit einer der ältesten noch spielbaren Holzorgeln Mitteleuropas. Gebäudeensemble fast vollständig mit Torwächterhaus, Marstall, Wasserkunst und Lustgarten.
Schlossberg 9, Tel. (036 83) 40 31 86 *Apr.-Okt. tgl. 10-18, Nov.-März 10-16 Uhr, Mo geschl.*

(E/F 7) Sonneberg
Deutsches Spielzeugmuseum
Dampfmaschinen, Puppenhäuser, Rennautos – rund 6000 Spielzeuge beherbergt Deutschlands ältestes Spielzeugmuseum. Fast lebensgroß ist das Schaubild „Thüringer Kirmes".
Beethovenstr. 10
Tel. (036 75) 70 28 56

Als wär man dabei: Kirmes im Sonneberger Spielzeugmuseum

www.spielzeugmuseum-sonneberg.de, *Di-So 9-17 Uhr*

(C 5) Trusetal
Trusetaler Wasserfall
Wildromantischer Wasserfall, der fast 60 Meter hinabzischt. 1865 künstlich angelegter Graben leitet die Truse über drei Kaskaden. 228 Stufen führen zum Wasserfall empor.
Am Wasserfall
Tel. (03 68 40) 815 78
www.trusetal-thuer.de
Ostern-Okt. tgl. 9-18 Uhr

SAALELAND UND OSTTHÜRINGEN

(G 4) Auerstedt
Gedenkstätte Auerstedt
Erinnerung an den Napoleonsieg bei Jena und Auerstedt im Oktober 1806 gegen die vereinten Heere von Preußen und Sachsen. Diorama, Ausstellung, dargestellt ist auch Leben der Handwerker und Bauern.
Dorfplatz 1
Tel. (03 64 61) 239 83
www.weimarer-land.de
Di-So 10-16 Uhr

(F 6) Bad Blankenburg
Burg Greifenstein
Einmaliges Zeugnis der Romanik und Gotik. Hauptburg mit Turm, mehrere Burghöfe, Ringgraben und Basteien. Außerdem gibt es hier einen Adler- und Falkenhof.
Greifensteinstr. 3
Tel./Fax (03 67 41) 20 80
Di-So 9-17 Uhr. Falknerei: März-Nov. 11-15 Uhr

(G 4) Bad Sulza
Gradierwerk Louise
In den Schwarzdornwänden des Gradierwerks „Louise" wird Solewasser zerstäubt. Einziges erhaltenes von einst drei Werken. Denkmalgeschützte Gradierwand und Zerstäuberhalle.
Am Gradierwerk 1
Tel. (03 64 61) 202 54
www.bad-sulza.de
Di, Do, Sa, So 10-12, 14-17 Mo, Fr 14-17 Uhr

(C 11) Burgk/Saale
Schloss Burgk
Erste Erwähnung 1356, im 17. Jh. Umbau zur Residenz durch Heinrich II. Reuß. Sommerresidenz und Jagdschloss. Schlosskapelle mit Silbermannorgel, Prunkschlafraum, Schlossküche und Park.
Tel. (036 63) 400 1 19
www.schloss-burgk.de *Apr. bis Okt. Di-So 10-17, Nov.-März Di-Fr 10-16, Sa, So 12-17 Uhr*

((G 4) Dornburg
Dornburger Schlösser
Malerisch erheben sich die drei Schlösser auf dem Steilhang über der Saale: Altes Schloss, Rokoko-Schloss und Renaissance-Schloss. Goethe wohnte hier, die Bergstube und weitere Räume erinnern daran.
Tel. (03 64 27) 222 91
www.weimar-klassik.de
April-Okt. Di-So 10-18 Uhr

(E 10) Gera
Otto-Dix-Haus
Geburtshaus des Künstlers, der zu den bedeutendsten deutschen Malern des 20. Jhs. zählt. 1991 wurde das rekonstruierte Gebäude ständiges Domizil der städtischen Dix-Sammlung.
Mohrenplatz 4, Tel. (03 65) 832 49 27, www.kunstsammlung-gera.de *Di 13-20, Mi-Fr 10-17, Sa, So 11-18 Uhr*

(E 11) Greiz
Oberes Schloss
Über Greiz erhebt sich rechts der Weißen Elster mächtig der Schlossbau, ab 1306 Residenz von Heinrich II. Reuß von Plauen. Brand 1540, danach jetziger Neubau. Bemerkenswert: Renaissancegiebel, Rokoko-Verzierungen, Orangerie.
Schlossberg, Tel. (036 61) 45 29 17, www.greiz.de
Mo-Fr 10-14, Sa, So 10-16 Uhr

(F 5) Großkochberg
Schloss Kochberg
Um 1600 entstandenes Wasserschloss, bis 1946 im Besitz der Familie von Stein. Goethe besuchte hier seine Freundin Charlotte von Stein. Kunstwerke und Möbel erinnern an den Dichter. Sehenswertes Liebhabertheater.
Tel. (03 67 43) 225 32
www.weimar-klassik.de
April-Okt. Di-So 9-18 Uhr

(G 4) Jena
Botanischer Garten
12 000 verschiedene Pflanzenarten, ein Ginkgo erinnert an Goethe. Freianlagen und Gewächshäuser. Subtropische Pflanzenwelt, Orchideen, Kakteen.
Fürstengraben 26
Tel. (036 41) 94 92 74
www.jenakultur.de
15. Mai-14. Sept. tgl. 9-18
15. Sept.-14. Mai tgl. 9-17 Uhr

Phyletisches Museum
Fossilien und Modelle veranschaulichen die Abstammungslehre für Mensch und Tier in einzigartiger Vielfalt. Der Zoologe Ernst Haeckel hat das Museum begründet, ein Ausstellungsraum in dem Jugendstilbau wurde historisch unverändert belassen.
Vor dem Neutor 1, 07743 Jena
Tel. (036 41) 94 91 80
www.zoo.uni-jena.de
tgl. 9-16 Uhr

Ernst-Haeckel-Haus
Die antikisierende „Villa Medusa" war Wohnhaus Ernst Haeckels, der in Deutschland Darwins Lehre vertrat. Das Museum bewahrt den wissenschaftlichen und künstlerischen Nachlass auf. Fast unverändert: das Arbeitszimmer.
Berggasse 7
Tel. (036 41) 94 95 06
Führungen Di-Fr ab 8.30 Uhr

Schillers Gartenhaus
Mit seiner Familie verbrachte der Dichter 1797 bis 1799 die Sommermonate in dem Häuschen und schrieb am „Wallenstein". Schillers Arbeitszimmer und das Schlafgemach seiner Frau Charlotte sind erhalten. Im Garten steht „Schillers Gartenzinne", ein putziges Türmchen mit Badezimmer und Schreibstube.
Schillergässchen 2
Tel. (036 41) 93 11 88
Apr.-Okt. Di-So 11-17 Uhr
Nov.-März Di-Sa 11-17 Uhr

Zeiss-Planetarium
Das älteste noch in Betrieb befindliche Planetarium holt seit 1926 Sternenbilder greifbar nah auf die Erde. Neben Himmelsphänomen begeistern die Lichtkuppel mit modernen Laservorführungen, Rockmusikshows und Kindermusicals.
Am Planetarium 5
Tel. (036 41) 88 54 88
www.planetarium-jena.de
Vorführungen nach Programm Di-So ab 10 Uhr

MERIAN | TIPP

Das blaue Gold

In Erfurt steht der Waidspeicher, Waidhäuser gibt es in Gotha und Arnstadt. Stumme Zeugen einer blühenden Epoche, denn rund vier Jahrhunderte mehrte der Waid den Reichtum des Landes. Die gelb blühende Pflanze war der Universalfarbstoff im Mittelalter, damit konnte Schwarz, Grün, Braun und vor allem Blau erzeugt werden. Und der Thüringer Färberwaid war überaus begehrt. Ende des 16. Jhs. gab es 1774 Waidbauern in 49 Dörfern. Neben der guten Qualität des Farbstoffs machte sich die zentrale Lage Thüringens bezahlt, denn hier kreuzten sich wichtige europäische Handelsstraßen.
Bereits in der zweiten Hälfte des 13. Jhs. brachen Händler in die Ferne auf, gute Abnehmer waren das Tuchfärberhandwerk in Nürnberg sowie Frankfurt als Umschlagplatz. Viel Geld brachte der Waid ins Land, prächtige Bürgerhäuser zeugen davon, vermutlich konnte sich Erfurt nur deshalb ab 1392 eine Universität leisten. Die Städte verdienten ebenfalls gut am Handel, erhoben sie doch von den Bauern den Waidpfennig und von den Käufern das Waidgeld. Die einträgliche Geldquelle versiegte Anfang des 17. Jhs., weil preisgünstiger Indigo-Farbstoff aus Mittelamerika und Indien nach Europa drängte.

(E 4) Blaudruckwerkstatt Sigritt Weiss
Eine der letzten: Die Kunsthandwerkerin fertigt traditionellen Blaudruck.
Mühlburgweg 32
Erfurt-Hochheim
Tel. (03 61) 225 24 30
bei Gruppen tel. Anmeldung

Verfällt seit der Säkularisation vor sich hin: Klosterruine Paulinzella

(G 4) Kapellendorf
Wasserburg
Stattliche romanische Kernburg mit Elementen von Barock, Gotik, Renaissance und Romanik. Im 14. Jh. zur Wasserburg ausgebaut. Seltene mittelalterliche Kaminküche. Museum „Burgen in Thüringen".
Am Burgplatz 1
Tel. (03 64 25) 224 85
www.wasserburg-kapellendorf.de
Di-So 10-12, 13-17 Uhr

(E/F 5) Kranichfeld
Oberschloss Kranichfeld
Bezauberndes Renaissance-Schloss mit Blick ins Ilmtal. Ulkiges Wahrzeichen ist der „Leckarsch" am Südwesterker. Museum, Konzerte und Theater. Burgfest zu Pfingsten.
Schlossberg 28
Tel. (03 64 50) 304 60
www.kranichfeld.de
April-Okt. Di-Fr 9-17 Uhr
Sa, So 10-18 Uhr, Nov.-März
Mo-Fr 10-15.30 Uhr

(F 4) Liebstedt
Ordensburg
Niederungsburg mit dreifacher Graben- und Wallanlage. Errichtet auf einer Straße, einzige erhaltene Durchgangsburg in Europa. Ausstellung und Komtureischänke mit Backofen.
Berggasse 95
Tel./Fax (03 64 62) 309 00
April-Okt. Di-Fr 8-17 Uhr
Sa, So 12-17 Uhr
Nov.-März Di-Fr 8-15 Uhr

(D 10) Neustadt (Orla)
Stadtkirche St. Johannis
Wahrer Schatz ist der Flügelaltar von Lucas Cranach dem Älteren von 1513. Im Sommer wird die historische Fincke-Orgel zu Konzerten gespielt. Im Turm hängt die zweitgrößte Glocke Thüringens, die 3,3 t schwere „Susanna" von 1479.
Kirchplatz 2
Tel. (036481) 229 47
Sa 10-12 Uhr und auf Anfrage

(E 6) Paulinzella
Klosterruine Paulinzella
Benediktinerkloster mit dreischiffiger romanischer Säulenbasilika aus dem 12. Jh., Jagdschloss aus dem 17. Jh., heute Museum zur Klostergeschichte.
Tel. (03 67 39) 311 43
www.heidecksburg.de
April-Okt. Di-So 10-18, Nov.-März Di-So 10-17 Uhr

(E 10) Posterstein
Burg Posterstein
Ringburg, wie im Bilderbuch schmiegen sich die Gebäude um den 25 m hohen Turm. 1191 erstmals erwähnt, später zu Wohnschloss umgestaltet.
Burgberg 1
Tel. (034496) 225 95
www.burg-posterstein.de
März-Okt. Di-Sa 10-17 Uhr
So 10-18, Nov.-Feb. Di-Fr 10-16 Uhr, Sa, So 10-17 Uhr;
Burgkirche Di-So 11 Uhr, 13 und 15 Uhr

(G 6) Ranis
Burg Ranis
Gut erhaltene, mächtige Burganlage hoch über der Altstadt. Gehörte im 12. Jh. zum Reichsgut deutscher Kaiser. Burgmuseum mit Ausstellung zur Geschichte der Anlage.
Tel. (036 47) 41 33 45
www.stadt-ranis.de
April-Okt. Di-So 10-17 Uhr
Nov.-März Di-Fr 10-16 Uhr
Sa, So 13-16 Uhr

(F 5/6) Rudolstadt
Heidecksburg
Dreiflügeliges Barockschloss, erbaut auf den Resten eines abgebrannten Renaissance-Baus. Architektonisch und kulturhistorisch wertvolle Ausstattung, Festsaal des Rokoko.
Schlossbezirk 1
Tel. (036 72) 429 00
www.heidecksburg.de
April-Okt. Di-So 10-18, Nov.-März Di-So 10-17 Uhr

(F 6) Saalfeld
Feengrotten
Die „farbenreichsten Schaugrotten der Welt" bescheinigt das Guinness-Buch der Rekorde. Außerdem Heilstollen, der Heuschnupfen und Asthma lindert.
Feengrottenweg 2
Tel. (036 71) 550 40
www.feengrotten.de
März-Okt. tgl. 9-17 Uhr
Nov. Sa, So 10-15.30
Dez-Feb. tgl. 10-15.30 Uhr

(G 5) Seitenroda
Leuchtenburg
Seit bald 800 Jahren thront die „Königin des Saaletals" auf dem Lichtenberg. Ursprung war eine feudale Grundherrenburg, deren Bergfried noch steht. Übrige Bauten und Kapelle aus späterer Zeit.
Dorfstr. 100
Tel. (03 64 24) 222 58
www.leuchtenburg.info
April-Okt. tgl. 9-18 Uhr
Nov.-März bis 17 Uhr

(F 6) Schwarzburg
Schloss Schwarzburg
Die Geschichte der barocken Anlage kann bis 1071 zurückverfolgt werden, im 18. Jh. entstand das heutige Barock- und Rokokoschloss. Auf jeden Fall Kaisersaal ansehen.
Schlossstr. 5
Tel. (036730) 329 55
Fax 329 54
www.schloss-schwarzburg.de
April-Okt. tgl. 10-18 Uhr

HOTEL
HOHEN
HAUS

MERIAN | BURGEN UND SCHLÖSSER

Arrangement mit dem Adel

Die feine Hotellerie nutzt historische Bauten

Wenn der Blick über die sanfte Landschaft schweift, während abendliche Ruhe in die **Wartburgmauern** einkehrt, gehört dem Gast die Burg aller Burgen. Nachts wird das Adelsfeeling noch konkreter: Dann wird in der **Landgrafenstube** fürstlich gespeist, bieten die Zimmer herrschaftlichen 5-Sterne-Luxus. Solche Schlossabenteuer sind aber auch günstiger zu haben: zum Beispiel im **Schlosshotel Eyba** bei Saalfeld, einem rund 1000 Jahre alten Rittergut, das modern und freundlich eingerichtet ist. Die Preise sind moderat, es gibt Familienofferten und der Park lädt zum Spazierengehen ein. Mit romantischen Türmchen dekoriert ist **Schloss Landsberg** bei Meiningen und das Candle-Light-Dinner in der Suite bietet hohe Gefühlsintensität. Empfehlenswert sind dort die Arrangements mit Theaterbesuch oder Teestunde. Kulinarische Ferne hingegen bietet **Schloss Beichlingen** bei Kölleda: Im historischen Restaurant zaubern Köche eine Reise von Kanada bis Ägypten. Das Hochzeitszimmer ist ein Kleinmädchentraum vom einem güldenen Palast. Pompös lebt die Burggesellschaft auf der **Veste Wachsenburg** bei Arnstadt, mehrmals im Jahr machen Mittelalterfeste die Illusion der Vergangenheit perfekt. Mehr für Naturliebhaber ist das **Herrenhaus bei Behringen**, wo man Wanderungen durch den Hainich mit Picknick organisiert.

Wartburg mit Weitblick

(B/C 4) **Hotel auf der Wartburg** Schlossberg 2, Eisenach
Tel. (036 91) 79 70, www.wartburghotel.de €€€€
(C 4) **Hotel Zum Herrenhaus** Schlossstr. 10
Behringen-Hütscheroda, Tel. (03 62 54) 72 00
www.hotel-zumherrenhaus.de €€
(C 6) **Schloss Landsberg** Landsberger Str. 150, Meiningen
Tel. (036 93) 440 90, www.castle-landsberg.com €€€
(F 3) **Schlosshotel Beichlingen** Beichlingen
Straße des Friedens 70, Tel. (036 35) 492 20
www.hotels-in-thueringen.de €€
(F 6) **Schlosshotel Eyba** Ortsstr. 23, Eyba
Tel. (03 67 36) 340, www.schlosshotel-eyba.de €€
(D/E 5) **Veste Wachsenburg** Holzhausen
Tel. (036 28) 742 40, www.veste-wachsenburg.com €€

NORDTHÜRINGEN, EICHSFELD

Alte Hämmelei
Herrlich restauriertes Haus mit stilvoll eingerichteten Räumen. Arrangements mit der 200 Meter entfernten Kyffhäuser-Therme, auch für Theater und Ausstellungen.
(E 2) Bad Frankenhausen
Bornstr. 33, Tel. (03 46 71) 51 20
www.alte-haemmelei.de €€

Hotel Residenz
Etwa einen Kilometer vom Zentrum, am Berghang mit Panoramablick. Zwölf Kilometer bis zum Kyffhäuser. Freizeitbereich mit Whirlpool, Solebad, Wasserfall, Sauna, Dampfbad.
(E 2) Bad Frankenhausen
Am Schlachtberg 3
Tel. (03 46 71) 750, www.residenz-frankenhausen.de €€

Stadthotel Heiligenstadt
Schickes 4-Sterne-Haus mit Einzel- und Doppelzimmern, Saunalandschaft.
(B 2) Heilbad Heiligenstadt
Dingelstädter Str. 43
Tel. (036 06) 66 60, www.heiligenstadt.de/stadthotel €€

Pension Erika
Familienbetrieb am Stadtrand mit 13 Betten in Einzel-, Doppel- und Dreibettzimmern, modern eingerichtet. Kinder bis 6 Jahren zahlen nichts, Kinder bis 12 Jahren die Hälfte.
(C 3) Mühlhausen, Im Flarchen 81, Tel. (036 01) 44 19 74
www.pension-erika-muehlhausen.de €€

Brauhaus zum Löwen
139 schöne Zimmer, uriges Restaurant mit Biergarten und faire Preise – ab der 4. Nacht gibt es Rabatt. Ideenreiche Pauschalangebote, zum Beispiel mit Planwagenfahrt.
(C 3) Mühlhausen, Kornmarkt 3
Tel. (036 01) 47 10 www.brauhaus-zum-loewen.de €€

Gästehaus Weidenmühle
Aufwändig restaurierter Bau aus dem 14. Jh. Standardzimmer und schöner Garten mit Bach. 5 Minuten zu Fuß bis ins Zentrum.
(C 3) Mühlhausen
Puschkinstraße 4
Tel. (036 01) 40 24 00
www.puschkinhaus.com €€

Thüringer Hof
Einzel- und Doppelzimmer. Das Hotel arrangiert Ausflüge ins Erlebnisbergwerk Sondershausen sowie Konzertbesuche.
(D 2) Sondershausen
Hauptstr. 30-32
Tel. (036 32) 65 60
www.thueringerhof.com €€

THÜRINGENS MITTE

Park Inn
Genau im Dreieck Erfurt, Gotha und Arnstadt. 4-Sterne-Komfort inklusive Sauna, Fitness, Solarium. Restaurant und Bar im Haus. Im Angebot: Golfwochenende oder Familienurlaub mit Kinderbetreuung.
(D/E 5) Apfelstädt, Riedweg 1
Tel. (036 20) 28 50
www.parkinn.de €€

Falkenburg
Gasthof mit 150 Jahren Tradition und modernem, gemütliches Ambiente. 8 Zimmer, Restaurant mit regionaler Küche, Kaminzimmer. Sehr zentral.
(G 4) Apolda, Jenaer Straße 37
Tel. (036 44) 56 22 45
www.hotel-falkenburg.de €€

Goldene Henne
Mit fast 400 Jahren Tradition eines der ältesten Gasthäuser Thüringens. Zweckmäßige Zimmer, historisches Restaurant, Kaminzimmer. Bach- und Barockabende im Stucksaal.
(E 5) Arnstadt, Ried 14
Tel. (036 28) 58 95 60
www.henne-arnstadt.de €€

Rennstieg-Hotel
Gemütliches, rustikal eingerichtetes Landhotel mit Wintergarten und Sonnenterrasse. 20 Gästezimmer. Kutschfahrten in den Nationalpark Hainich.
(C 3) Kammerforst, Eichsfelder Str. 6, Tel. (03 60 28) 301 01
www.hotel-rettelbusch.de €

ETAP Hotel Weimar
Nüchternes Geschäftsreisen-Hotel, das den Vorteil der Nähe zur Klassikerstadt hat und auch noch sehr preiswert ist.
(F 4) Nohra, Steinbruchenstr. 5
Tel. (036 43) 416 76
www.etaphotel.com €

THÜRINGER WALD, RHÖN

Hotel Fröbelhof
Am Waldrand und zugleich stadtnah: malerisches, altes Gebäude mit komfortablen Zimmern. Garten, Nordic-Walking-Kurse, Wellness.
(C 5) Bad Liebenstein
Heinrich-Mann-Str. 34
Tel. (03 69 61) 510
www.froebelhof.de €€

Kleiner Inselsberg
Direkt am Rennsteig auf 724 Meter Höhe unterhalb des Großen Inselsberges. 41 moderne Zimmer, Restaurant mit traditioneller Thüringer Küche.
C 5) Brotterode
Kleiner Inselsberg 1
(Tel. (03 68 40) 324 53
www.kleiner-inselsberg.de €

Tanzbuche
Mitten im Wald und unmittelbar am Rennsteig. Komfortable, moderne Zimmer und Appartements mit Küchenbereich. Hallenbad, Massagen, Dampfbad, Sauna. Restaurant, Jägerstube und Terrasse.
(C 5) Friedrichroda, Auf dem Höhenberg, Tel. (036 23) 36 99 00, www.hotelsonline.de/thueringen/tanzbuche.html €€

Haus Vergissmeinnicht
3-Sterne-Pension mit schönen Landhaus-Zimmern. Restaurant mit Thüringer Spezialitäten, schmackhafte Wildgerichte. Zusätzlich geräumiges Ferienhaus.
(D 6) Oberhof, Crawinkler Str. 10, Tel. (0368 42) 223 46
www.haus-vergissmeinnicht.de
€€

Berggasthof Blockhütte
Schöne Lage, faire Preise, guter Mix aus Tradition und Komfort. Gemütliche Zimmer im modernen, freundlichen Landhausstil, herrliche Aussicht mit morgendlichem Vogelgezwitscher.
(E/F 7) Sonneberg, Waldstr. 60
Tel. (036 75) 70 28 40
www.berggasthof-blockhuette.de €

Hotel Waldfrieden
Idyllische Waldlage zwischen Kickelhahn und Rennsteig. Zimmer, Appartement. Köstliche Speisen, erlesene Weine.
(D 6) Stützerbach, Goethestr. 13
Tel. (03 67 84) 502 94
www.waldfrieden.net.tc €€

Waldhotel
Sehr romantisches Hotel, traditionelle Einrichtung. Leseraum, Restaurant mit regionalen und vegetarischen Menüs.
(C/D 5) Tambach-Dietharz
Waldstraße 30, Tel. (03 62 52) 34 60, www.tambach.de €€

Adler
Stattlicher Bau auf dem Marktplatz. 22 Zimmer, Apparatement, Ferienwohnung. Einrichtung Biedermeier bis Jugendstil. Bierstube, Restaurant.
(A/B 5) Vacha, Markt 1
Tel. (03 69 62) 26 50
www.hotel-adler-vacha.de €€

SAALELAND, OSTTHÜRINGEN

Pension Weichelt
Moderne Zimmer. Wellness- und Kulturwochenenden mit Sektfrühstück, Besuch der Toskana-Therme.
(G 4) Bad Sulza, Am Gradierwerk 1, Tel. (03 64 61) 202 08
www.pensionweichelt.de €

Courtyard Gera
Zentrale Lage in Theater-Nähe. 165 Zimmer, Cocktail-Lounge, Hotelrestaurant, Whirlpool, Sauna und Fitnessraum.
(E 10) Gera, Gutenbergstr. 2a
Tel. (03 65) 290 90
www.marriott.de €€

Landidyll-Hotel Adler
Liebevoll eingerichtete Zimmer im Fachwerkensemble. Komplettangebote, z. B. Genießer-Wochenende.
(D 10) Großebersdorf, Hauptstraße 22, Tel. (03 66 07) 50 00
www.landidyll.com €€

Steigenberger Esplanade
Direkt neben der Goethe-Galerie. 179 Zimmer, Sauna, Fitnesscenter, Solarium. Parkplatz, Fahrradverleih.
(G 4) Jena, Carl-Zeiss-Platz 4
Tel. (036 41) 80 00, www.jena.steigenberger.de €€€

Waldpension Baarz
Familiäre Unterkunft am Waldrand. Moderne Zimmer. Vermietung von Trabant-Cabrios. Pool, Kinderbetreuung.
(E 11) Mohlsdorf, Gänseleite 13
Tel. (036 61) 421 38
www.baarz.de €

Am Schwarm
Familiär geführtes Hotel in Altstadtlage neben der Burgruine „Hoher Schwarm“. Günstige Wochenpauschalen. Restaurant, Biergarten. Fahrradverleih mit Gepäcktransfer bei Touren.
(F 6) Saalfeld, Schwarmgasse 18, Tel. (036 71) 28 84
www.schwarmhotel.de €€

Hotel Bellevue
Schicke Jugendstilvilla am Waldrand, 16 Zimmer, Frühstücksbuffet, Restaurant „Ein Zauberberg en miniature“, sagt der Gault Millau.
(G 5) Schmölln, Am Pfefferberg 7, Tel. (03 44 91) 70 00
www.bellevuehotel.de €€

MERIAN | TIPP

Hotel Hohenhaus
Der schönste Blick aus Hessen auf die Wartburg: Auf einem parkähnlichen Anwesen vor den Toren Eisenachs finden Gourmets und Genießer ein Landhotel der Spitzenklasse – vom *Feinschmecker* mit drei F und vom Guide Michelin mit einem Stern ausgezeichnet. Die 26 Zimmer sind im stilgetreu restaurierten Trakt eines Ritterguts aus dem 16. Jh. untergebracht. Hausherr Hannes Horsch kocht herausragend und betreut seine Gäste, die am Kamin oder im Schwimmbad wunderbar ausspannen können.
(B 4) Hotel Hohenhaus
37293 Herleshausen
Tel. (056 54) 98 70
www.hohenhaus.de €€€€

MERIAN | TIPP

Die Ur-Wurst

In Thüringen gibt es nur zwei Jahreszeiten: eine Grill- und eine Nicht-Grill-Saison. Letztere geht nahtlos über in erstere (und umgekehrt), identifizierbar an den geruchsintensiven Holzkohlerauchzeichen. Und natürlich werden zwischen Nordhausen und Sonneberg bevorzugt Thüringer Rostbratwürste vom Holzkohlegrill verzehrt.
Die schmecken den Eingeborenen schon jahrhundertelang, wie eine Rechnung aus dem Jahr 1404 belegt: Auf dem Dokument des Arnstädter Jungfrauenklosters ist als Preis ein Groschen für eine „darme czu bratwustin" vermerkt – angesichts dieses historischen Beweises haben sich auch die Franken (besonders die Nürnberger) damit abgefunden, dass die Thüringer die ältere Bratwursttradition auftischen können.
Wider die Bratwurstfälscherei haben die Thüringer ihr Original von der Europäischen Union schützen lassen. Also Achtung: Thüringer darf sich nur nennen, was rund 20 Zentimeter lang ist, etwa 150 Gramm wiegt und mit herzhaft gewürztem Fleisch aus Thüringen gefüllt ist. Eine weitere Spezialität sind Rostbrätel. Das sind Schweinekammscheiben, die ihre Zartheit und Würze über Nacht in einer Marinade aus Senf, Zwiebeln, Knoblauchöl und hellem Bier erhalten.

Die „Thüringer" ist zertifizierter Fast-Food-Klassiker

Das Restaurant im Sächsischen Hof in Meiningen gehört zu den besten des Landes

(C 10) Stadtroda-Gernewitz
Altthüringer Weinkeller
Handgemachte Wickelklöße, deftige Fleischbraten, würzige Soßen. Gemütliches Gewölbe.
Zur Roda 1, Tel. (03 64 28) 614 02 *Mo-Sa 11-23 Uhr So 11-21.30 Uhr* €

(E 10) Ronneburg
Burgrestaurant Ronneburg
Ronneburg-Topf und Ritterspieß für Fleischliebhaber. Wild und Fisch, Gemüsepfanne. Kaminzimmer, Ritterkeller, Biergarten.
Burg Ronneburg, Tel. (060 48) 71 30 *Mi-So 11-22 Uhr* €€

(B 5) Bad Salzungen
dreierlei
Warme und kalte internationale Küche, Pasta, Finger-Food, vegetarische Spezialitäten, auch Hausmannskost. Bar mit leckeren Cocktails.
Leimbacher Str. 70 (am Kallewerk), Tel. (036 95) 62 10 10 *tgl. 17 Uhr bis open end* €€

(E 6) Ilmenau
Gasthof des Meeres
Cremige Fischsuppe, hausgemachter Brathering, täglich frischer Kuchen.
Am Großen Teich 1, Tel. (036 77) 84 02 10 Mo-Sa 11-20, So 9-18 Uhr €€

(G 4) Apolda
Il Ristorante
Italienische Speisekarte, 20 Fleischgerichte, auch Fisch und Geflügel. Hausgemachte Pasta und selbst gebackenes Brot.
Bahnhofstr. 48, Tel. (036 44) 55 53 33, *Di-So 11-14 Uhr 17-24 Uhr* €

(B 7) Rhönblick/Hermannsfeld
Jagdschloss Fasanerie
Naturküche mit Wild, Lamm, Forelle, Gemüse und Kräutern. Viele Bioweine.
Tel. (03 69 45) 517 20
Mi-So 11-22 Uhr €

(A 2) Bornhagen
Klausenhof
Speisen wie im Mittelalter: Klöße, Hausgeschlachtetes, Brot aus dem Steinbackofen.
(A 2) Bornhagen (unterhalb Burg Hanstein), Tel. (03 60 81) 614 22 *tgl. ab 11 Uhr* €

(C 2) Wintzingerode
Merlan
Abwechslungsreiche Gemüse, mediterrane Zubereitung, raffiniert komponierte Menüs. Betreiber Dieter Gerdes ist Trennkost-Gourmetkoch.
Schlossstr. 9, Tel. (03 60 74) 350 *tgl. 11-22 Uhr* €€

(C 5/6) Schmalkalden
Ratskeller Schmalkalden
Frische Forellen, Thüringer Rouladen, mehrere Biersorten. Historisches Gebäude mit Ratszimmer und Biergarten.
Altmarkt 2, Tel. (036 83) 40 27 42 *tgl. 11-24 Uhr* €

(E 3) Weißensee
Ratsbrauerei Weißensee
Im Marstall des ältesten Rathauses Thüringens wird das „Weißenseer Ratsbräu" gebraut.
Marktplatz 26, Tel. (03 63 74) 369 70, *Di-Do 18-23, Fr 18-24 Sa 14-24, So 14-22 Uhr* €

(B/C 5) Schweina
Rommelsburg
Seit 1868 in fünfter Generation bewirtschaftete Gaststätte mit traditioneller, deftiger Küche.
Eisenacher Str. 44
Tel. (03 69 61) 728 68, *Mo, Mi-Sa 11-24, So 10-24 Uhr* €

(C 6) Meiningen
Sächsischer Hof
Der „Sächser" ist die Bühne vor der Bühne: Hier speist, was Meiningen an fahrender Prominenz bietet, werden höchste thüringische Gaumenfreunden in der „Posthalterei" geboten. Für schnelle, kleine Gerichte geeignet ist die „Postschenke", für Cremeschnittchen das Café.
Georgstr. 1, Tel. (036 93) 45 70
www.saechsischerhof.com
Mo-Sa 17-22.30, So 11-14 17-22 Uhr €€€

(B 3) Dieterode
St. Georg
Überwiegend französische Menüs, Flammküchle aus dem Holzkohleofen, gute Weinkarte.
Dorfstr. 16a
Tel. (03 60 82) 421 28
Fr-So 17 Uhr, open end €€

(E 5) Arnstadt
Schellhorns Wein- und Bierstube
Gemütliches Restaurant mit Thüringer Küche, hausgemachtem Apfelwein. Weinkeller mit Thüringens größtem Weinfass.
Ritterstr. 3-5, Tel. (036 28) 60 27 80 *Di-Sa 18-23 Uhr* €

(F 9) Altenburg
Villa
Festliche Atmosphäre, historisches Mobiliar. Werktags 3-Gang-Menü für 9,99 €. Regionale und internationale Küche.
Friedrich-Ebert-Str. 14
Tel. (034 47) 51 48 08, *tgl. 11.30 bis 14, 17 Uhr bis open end Sa 17-open end, So Brunch* €

(F 5) Blankenhain
Zum Güldenen Zopf
Regionale Gerichte raffiniert verfeinert, vielfältige Weinkarte. Gutes Preis-Leistungsverhältnis.
Rudolf-Breitscheid-Str. 2
Tel. (03 64 59) 49 20
Mo 17-22, Di, Mi, Fr, Sa 11.30-14, 17-22, So 11.30-14 Uhr €

(D 2) Sondershausen
Zum Possen
Beliebte Ausflugsgaststätte im Jagdschlösschen, dem einstigen Sommersitz der Fürsten von Schwarzburg-Sondershausen. Traditionelle Küche mit Wild, Fleisch und Fisch.
Possen 1, Tel. (036 32) 78 28 84 *tgl. ab 10 Uhr* €

JENA
GERA
ZWICKAU
Eisenberg
Altenburg
Meuselwitz
Zeitz
Schmölln
Meerane
Glauchau
Crimmitschau
Werdau
Greiz
Reichenbach
Zeulenroda
Neustadt a.d. Orla
Pössneck
Schleiz
Plauen
Oelsnitz
Markneukirchen
HOF
Hohenstein-Ernstthal
Limbach-Oberfrohna
Lößnitz
Schneeberg
Aue
Schwarzenberg
Stollberg
TSCHECHIEN
Niedersachsen
Sachsen-Anhalt
Brandenburg
Berlin
Thüringen
Erfurt
Jena
Gera
Suhl
Sachsen
Hessen
Bayern

Landesdaten

Einwohner Der Durchschnittsthüringer misst offiziell 1,76 m, wiegt 81,5 kg und ist 40,8 Jahre alt. Insgesamt leben 2,37 Mio. Menschen im Freistaat. Jährlich werden das aber etwa 10 000 weniger, weil Jugendliche wegziehen und mehr Menschen sterben als geboren werden.
Fläche Mit 16 172 Quadratkilometern ist Thüringen nach Berlin das kleinste der neuen Bundesländer. Fast ein Drittel der Fläche ist mit Wald bedeckt, der größte zusammenhängende ist mit rund 2 200 Quadratkilometern der Naturpark Thüringer Wald. Fast ein Prozent des Landes ist Wasser – Flüsse sowie rund 160 Talsperren.
Lage Es geht bergauf und bergab: Beim Örtchen Wiehe werden nur 114 Meter über dem Meeresspiegel gemessen, der höchste Berg ist der Große Beerberg mit 983 Metern.
Gäste Jedes Jahr kommen 2,9 Millionen Touristen, also mehr als das Land Einwohner hat: Die Gäste haben die Wahl zwischen rund 68 000 Betten in Hotels, Pensionen und Ferienwohnungen. 237 Hotels tragen Sterne, darunter 141 Häuser mit 3-Sterne-Komfort.
Ausflüge Es schlängeln sich fast 16 000 Kilometer ausgebaute Wanderwege durch Thüringen, der berühmteste ist der 168,3 Kilometer lange Höhenwanderweg Rennsteig. Rund 400 Burgen, Schlösser, Festungsmauern und Klöster prägen die romantische Landschaft.

ANREISE

Mit der Bahn
In Eisenach, Gotha, Erfurt, Weimar halten ICE wie IC. Auf der Strecke Dresden-Leipzig-Frankfurt fahren stündlich ICE nach Thüringen, von Düsseldorf aus alle zwei Stunden.
Fahrplanauskunft: (08 00) 150 70 90, www.bahn.de

Mit dem Auto
Aus Richtung Berlin oder München über die Autobahn A9. Von Frankfurt oder Dresden aus über die A4. Beide schneiden sich am Hermsdorfer Kreuz. Zwischen Erfurt und Schweinfurt wird die Autobahn A 71 gebaut – von Erfurt bis Sömmerda und Meiningen ist sie bereits fertig und führt durch Deutschlands längsten Autobahntunnel (Rennsteigtunnel, 7,9 km Länge).

Per Flugzeug
Montags bis freitags landen auf dem Erfurter Flughafen Linienmaschinen aus Düsseldorf, Dortmund, Hamburg, Köln, München. Die München-Verbindung lässt sich mit längeren Lufthansa-Verbindungen günstig „durchbuchen“. Billigflieger Ryanair pendelt täglich zwischen London und Altenburg-Nobitz in Ostthüringen.
Flughafen Erfurt:
Tel. (03 61) 656 22 00
www.flughafen-erfurt.de
Flughafen Altenburg:
Tel. (034 47) 59 02 38
www.flughafen-altenburg.de

Reisen im Land
Die Südthüringen-Bahn erschließt das Werratal und den Thüringer Wald zwischen Erfurt und Sonneberg. Die Erfurter Bahn fährt nach Gotha und Bad Langensalza. Mit der Thüringer Waldbahn kommt man von Gotha nach Reinhardsbrunn und Tabarz. Sparangebote: „Hopper-Ticket“ der Bahn für Zugfahrten bis 50 km (4,50 €). „Regiomobil“-Tageskarten für Straßenbahn, Bus und Zug im gesamten Raum Erfurt-Weimar-Jena (8,60 €). „Bergbahnticket“ für Fahrten mit der Oberweißbacher Berg- und Schwarzatalbahn inklusive Zubringer von und nach Erfurt.
www.bahn.de, www.nahverkehr.de, www.oberweissbacher-bergbahn.com

INFORMATIONEN

Thüringen Tourismus
Sehr gute Spezialprospekte für Wandern, Camping, Aktivurlaub oder Kulturtipps. Außerdem touristische Karten mit Rad- und Wanderwegen. Material gegen geringen Portobeitrag erhältlich.
Weimarische Str. 45, 99099 Erfurt, Tel. (03 61) 374 20
service@thueringen-tourismus.de
www.thueringen-tourismus.de

Tourismusverband Hainichland
Das Gebiet umfasst im Wesentlichen das Thüringer Becken mit Erfurt, Weimar, Gotha und Arnstadt im Zentrum.
An der Alten Post 2
99947 Bad Langensalza
Tel. (036 03) 89 26 58
info@hainichland.de
www.hainichland.de

Autobahn
Autobahnähnliche Straße
Fernverkehrsstraße
Hauptstraße
Nebenstraße
Fahrweg, Wirtschaftsweg
Bundesland-Grenze
Flughafen
Kirche; Kloster
Kirchenruine; Klosterruine
Schloss, Burg; Ruine
Denkmal
Höhle
Aussichtspunkt
UNESCO-Weltkulturerbe
©MERIAN-Kartographie
15 km
Bad Salzungen
Vacha
Geisa
Tann (Rhön)
Bad Liebenstein
Schmalkalden
Meiningen
Zella-Mehlis
Suhl
Arnstadt
Ilmenau
Rudolstadt
Saalfeld/Saale
Pössneck
Kahla
Hildburghausen
Schleusingen
Eisfeld
Sonneberg
Neustadt b. Coburg
Coburg
Rödental
Kronach
Lichtenfels
Bad Neustadt a. d. Saale
Bad Königshofen i. Grabfeld
Hofheim i. Unterfranken
Mellrichstadt
Ostheim v.d. Rhön
Bischofsheim a. d. Rhön
Thüringer
Schiefergebirge
Stadtsteinach
Bad Colberg-Heldburg
Bad Rodach b. Coburg

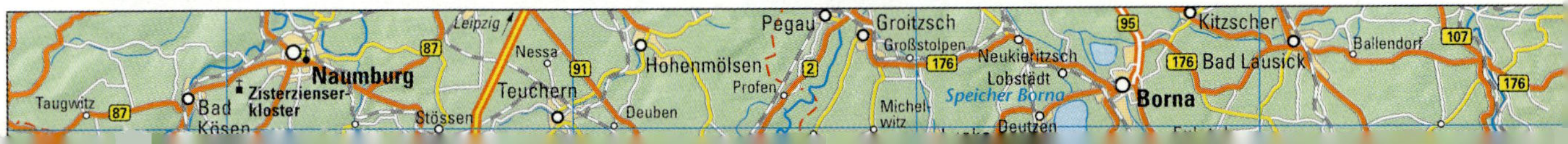
Naumburg
Bad Kösen
Hohenmölsen
Teuchern
Pegau
Groitzsch
Kitzscher
Bad Lausick
Borna

Orte

MERIAN-Orbit
Am auffälligsten ist der Gebirgszug des Thüringer Waldes – ohne prägnante Höhen zieht er sich gleich einem Keil von Nordwesten nach Südost. Dort, im Naturpark Thüringer Schiefergebirge, lassen sich deutlich die Saaletalsperren erkennen. Gut sichtbar auch in der Mitte die Kette der Städte (von West nach Ost) mit Gotha, Erfurt, Weimar, Jena, Gera und Altenburg. Was man nicht sehen kann: Der Mittelpunkt Deutschlands liegt rund fünf Kilometer südlich von Mühlhausen in Niederdorla.

Tourist-Information Weimar
Markt 10, 99423 Weimar
Tel. (036 43) 74 50
www.weimar.de
tourist-info@weimar.de
Nov.-März Mo-Fr 10-18 Sa, So 10-14 Uhr. April-Okt. ab 9.30 Uhr, Sa, So bis 15 Uhr

Tourismus Gesellschaft Erfurt
Benediktsplatz 1, 99084 Erfurt
Tel. (03 61) 664 00
www.erfurt-tourist-info.de
service@erfurt-tourist-info.de
Jan.-März Mo-Sa 10-18, So 10-16 Uhr, April-Dez. Mo-Fr 10-19 Sa 10-18, So 10-16 Uhr

Tourist-Information Eisenach
Markt, 99817 Eisenach
Tel. (036 91) 79 23-0
www.eisenach-tourist.de
tourist-info@eisenach-tourist.de
Mo-Fr 10-18, Sa 10-16 Uhr

Gotha Information
Hauptmarkt 2, 99867 Gotha
Tel. (036 21) 22 21 38
www.gotha.de
tourist-info@gotha.de
Mo-Fr 9-18, Sa 10-15 Uhr So (Mai-Sept.) 10-14 Uhr

Fremdenverkehrsverband Thüringer Schiefergebirge – Obere Saale
Ausflugstipps, Wanderkarte, Prospekte für Wanderer wie Aktivurlauber. Hilfe bei der Zimmersuche.
Leonberger Platz 2
07356 Lobenstein
Tel. (03 66 51) 23 39
www.saale-rennsteig-seenland.de, info.ts-os@t-online.de
April-Okt. Mo 12-17, Di-Fr 9-12 13-18, Nov.-März bis 17 Uhr

Oberhof-Information
Crawinkler Str. 2, 98559
Oberhof, Tel. (03 68 42) 26 90
www.oberhof.de
information@oberhof.de
Mo-Fr 9-18, Sa, So 9-13 Uhr

Verband für Seilbahnen, Schlepplifte und Wintertourismus
Informationen über Sonderöffnungszeiten, Pistenpräparierung und Wettkampfzeiten auf den Abfahrtsstrecken. Außerdem Zubringer-Shuttle.
Hauptstr. 35, 98666 Masserberg, Tel. (03 68 70) 533 98
schneetelefon@t-online.de
www.aktiv-in-thueringen.de

Deutsche Gebirgs- und Wandervereine
Landesverband Thüringen e.V.
Gothaer Str. 2, 99885 Ohrdruf
Tel. (036 24) 40 27 37
www.wanderverband-thueringen.de

Erlebnisland Rennsteig-Saale e. V.
Feengrottenweg 2, 07318
Saalfeld, Tel. (036 71) 550 40
Fax 55 04 40
info@rennsteig-saale.de
www.rennsteig-saale.de

Werratal Touristik e. V.
Erzberger Allee 14, 36433
Bad Salzungen, Tel. (036 95) 61 64 18, Fax 61 64 25
info@werratal.de
www.werratal.de

Kyffhäuser-Information
Anger 14, 06557 Bad Frankenhausen, Tel. (03 46 71) 717 16
www.kyffhaeusertourismus.de
info@kyffhaeusertourismus.de

Eichsfeld Touristik e. V.
Bahnhofstr. 22
37327 Leinefelde-Worbis
Tel. (036 05) 50 36 60
hve@eichsfeld.de
www.eichsfeld.de

ADFC Landesverband Thüringen
Der Allgemeine Deutsche Fahrrad-Club lädt zu Touren ein. Termine siehe Website.
Tungerstr. 9a, 99099 Erfurt
Tel. (03 61) 225 17 34

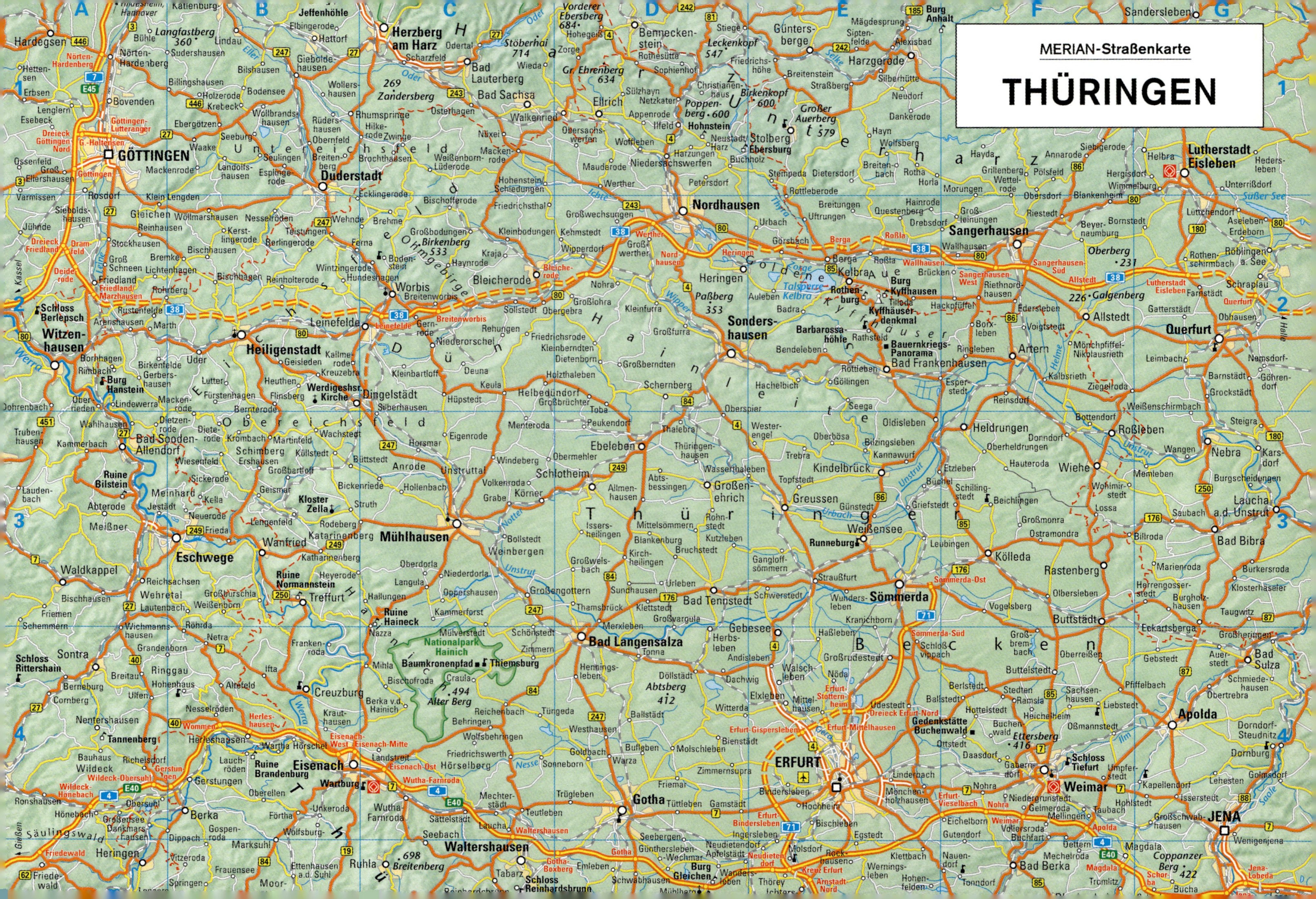

MERIAN-Straßenkarte
THÜRINGEN
GÖTTINGEN
Duderstadt
Heiligenstadt
Witzen-hausen
Eschwege
Mühlhausen
Nordhausen
Sangerhausen
Sonders-hausen
Bad Frankenhausen
Querfurt
Lutherstadt Eisleben
Sömmerda
Bad Langensalza
Eisenach
Gotha
ERFURT
Weimar
Apolda
JENA
Waltershausen
Herzberg am Harz
Worbis
Leinefelde
Heldrungen
Artern
Nebra
Kölleda
Bad Tennstedt
Nationalpark Hainich

buero@adfc-thueringen.de
www.adfc-thueringen.de

Schneetelefon
Über Schneehöhen und Wintersportmöglichkeiten, Liftbetrieb sowie Winterveranstaltungen informiert tagesaktuell das Schneetelefon Thüringen. Tel. (03 68 42) 269 21

Mehr fürs Geld
Karten für ermäßigte Preise und Eintrittskosten gibt es in vielen Städten und Regionen. Die **Thüringen Card** (13 € für einen Tag, 31 € für 3 frei wählbare Tage) gilt im ganzen Freistaat. Dutzende Schlösser und Burgen lassen sich damit gratis besichtigen. Inbegriffen sind auch Stadtführungen in Eisenach oder Erfurt sowie der Eintritt in 80 Museen und Ausstellungen und das **Hopper Ticket** der Bahn. Mit der **Thüringer Wald Card** (5 €, gültig bis Jahresende) erhält man Rabatte bei den Saalfelder Feengrotten oder bei Schloss Heidecksburg. Ermäßigte Preise auch in Gaststätten. Für Städteurlauber empfehlen sich **Weimar Card** und **Erfurt Card**, mit denen Busse und Straßenbahnen genutzt werden können. Viele Ausstellungen sind damit frei, für Vorstellungen im Nationaltheater Weimar oder eine Fackelführung auf der Zitadelle Petersberg in Erfurt gibt's Ermäßigungen.
www.thueringencard.info
www.thueringer-wald-card.info
www.weimar.de
www.erfurt-tourist-info.de

KLIMA

Die **Mitte Thüringens** ist wärmebegünstigt und zählt zu den niederschlagsärmsten Gegenden Deutschlands mit milden Wintern. Lange Witterungsabschnitte mit sonnigem Wetter treten hier vorwiegend Ende Mai/Anfang Juni und Sept./Okt. auf. Der **Thüringer Wald**, der **Harz** und die anderen **Mittelgebirge** rund um das Becken sind dagegen rau und niederschlagsreich, im Winter gibt es häufig über mehrere Wochen eine geschlossene Schneedecke. Erste Fröste können Ende Sept./ Anfang Okt., die letzten bis Mitte Mai vorkommen.

LITERATUR

Anna Amalia – Wegbereiterin der Weimarer Klassik Ursula Salentin, Böhlau 1996, 14,90 € Lebensgeschichte der Herzogin von Sachsen-Weimar-Eisenach, die dem Weimarer Hofe zu geistiger Blüte verhalf.

Der Ausflugs-Verführer Thüringen Blanka Weber, ars vivendi 2002, 12,90 € Wasserwandern auf der Werra, Radfahren an der Ilm: Detailliert beschriebene Touren für Einzelreisende wie Familien.

Elisabeth von Thüringen Ursula Koch, Brunnen-Verlag 2004, 10 € Biographischer Roman über das kurze, bewegende Leben der Landgräfin Elisabeth von Thüringen (1207-1231) und ihre Vertreibung aus der Wartburg.

Die unernste Geschichte Thüringens Ulf Annel, Weymannbauerverlag 1996, 15,80 € Der Kabarettist zieht nicht unbedingt abgesicherte, aber amüsante Verbindungen zwischen Luthers Aufenthalt auf der Wartburg, Glasaugen aus Lauscha und Napoleons Schlacht bei Jena.

Goethe in Weimar Matthias Gretzschel, Toma Babovic, Ellert & Richter Verlag, 2005, 14,95 € Unterhaltsame und informative Führung durch Goethes Weimar, begleitet von eindrucksvollen Fotos. Auf der Spurensuche begegnet man dem Genius Loci dieser Stadt.

Gloriosa Bodo Kühn, Wartburg-Verlag 1996, 10,99 € Die Geschichte der weltberühmten Dom-Glocke als spannender Geschichtsroman.

Marco Polo: Thüringen Bernd Wurlitzer, Mairdumont 2004, 7,95 € Kompakt und übersichtlich, deckt alle Regionen des Landes ab. Kleiner Reiseatlas, „Insider-Tipps".

Nationalpark Hainich Siegfried Klaus, Thomas Stephan, RhinoVerlag 1998, 24,95 € Bildband über den im westlichen Thüringen gelegenen Park mit Texten zum Naturraum, seinen Lebensformen und seiner Geschichte.

Thüringen Toma Babovic, Irina Kaminiarz, Hans Lucke, Ellert & Richter Verlag 2003, 9.90 € Farbfotos und interessante Texte informieren über die Kulturlandschaft Thüringens. Schwerpunkt: Geschichte

Thüringen Grün Günther Thimm, L&H Verlag 2004, 14,80 € Sorgfältige und kenntnissreiche Beschreibung fast aller wichtigen Gärten und Parks.

Thüringen Kunstreiseführer Hans Müller, Dumont Reiseverlag 2003, 25,90 € Ausführliche Beschreibung der Thüringer Städte mit ihrer jeweiligen Geschichte sowie der Bau- und Kunstwerke.

Thüringen. Land der Residenzen Heinz Stade, Verlag Thüringer Allgemeine 2004, 19,80 € Sehr guter wie schöner Bildband mit über 350 Farbfotos und informativen Texten zu den Residenzstädten – von Altenburg bis Weimar.

Thüringer Wald Rainer Höh, Reise Know-How Verlag 2004, 10,50 € Umfassendes Werk für Individualreisende, die Zeit haben, sich auch abseits der touristischen Leuchttürme umzuschauen.

Thüringer Wald mit Rennsteig Bernhard Pollmann, Bergverlag Rother 2001, 9,90 € 50 ausführlich beschriebene Wanderungen durch den Thüringer Wald, davon zehn über den Rennsteig.

Wandern auf dem Rennsteig, Thüringer Wald Stefan Etzel, DuMont Reiseverlag 2004, 12 € Detailgenaue Beschreibung des Rennsteigwanderwegs mit Infos zu Rast- und Übernachtungsmöglichkeiten. 16 Tagestouren am und neben dem Rennsteig.

Unterwegs zu Schiller Heinz Stade, Aufbau 2005, 9,95 € Liebevoll bebilderte Reise zu „schillernden" Orten von Bauerbach bis Weimar.

Fest-Kalender

Januar-Februar Wasungen: „Woesinge Ahoi" heißt es am Sonnabend vor Aschermittwoch beim größten Karnevalsumzug.
März-April Eisenach: Drei Wochen vor Ostern besiegt Frau Sunna beim Frühlingsfest „Sommergewinn" mit Worten den Winter.
Bachwochen: Konzerte in Arnstadt, Eisenach, Erfurt, Mühlhausen,Waltershausen, Wechmar und Weimar erinnern an Johann Sebastian Bach.
Mai Schmiedefeld: Rund 15 000 Sportler starten beim GutsMuths-Rennsteiglauf.
Juni Erfurt: Das „Krämerbrückenfest", das größte Thüringer Altstadtfest, entführt am dritten Juni-Wochenende ins Mittelalter.
Bürgel: Am letzten Juni-Wochenende gibt es auf dem Töpfermarkt Keramik aus aller Welt.
Juli Meiningen: Am ersten Juli-Wochenende werden beim „Hütesfest" Klöße nach dem Rezept der „Hütesholle", der Kloßprinzessin, serviert.
August-September Erfurt: Die Domstufen-Festspiele und das Sommertheater in der Barfüßer-Ruine begeistern mit Open-Air-Aufführungen.
Weimar: Das Kunstfest verbindet mit Musik, Theater, Literatur die Klassik mit der Moderne.
Oktober-Dezember Weimar: Zwiebelzöpfe locken am zweiten Oktober-Wochenende zum „Zwiebelmarkt". Achtung, Besucheransturm!
Jazzmeile: Thüringenweit laden das Festival und die Weimarer Musikhochschule zum internationalen Jazz-Workshop und zu hochkarätigen Konzerten ein.
Erfurt: Der Weihnachtsmarkt vor dem Dom stimmt mit Leckereien, einem Märchenwald und der Floristen-Ausstellung „Florales zur Weihnachtszeit" feierlich.

INFO GESCHICHTE

Weimar 1919: erste Kabinettssitzung der Regierung Scheidemann

370 000 v. Chr. Funde des Homo erectus bei Bilzingsleben: die ältesten Zeugnisse von Steinzeitmenschen.
800-500 v. Chr. Nachweisbare Siedlungen entstehen.
380 Erwähnung von „Thoringi", den Thüringern, in der römischen Geschichtsschreibung.
531 Das Thüringer Reich gerät unter fränkische Herrschaft.
721 Wo heute der Erfurter Dom steht, baut Bonifatius eine Kirche.
919 Beginn der sächsischen Herrschaft.
1040 Ludwig der Bärtige begründet die Ludowinger-Dynastie.
1067 Gründung der Wartburg durch Graf Ludwig den Springer; die Ludowinger werden Herrscher im Heiligen Römischen Reich deutscher Nation.
1190-1217 Die Wartburg wird Zentrum der mittelhochdeutschen Dichtung.
1247-1264 Der letzte Ludowinger stirbt. Sein Tod löst Erbfolgekriege aus, Thüringen fällt an die Wettiner.
1330 Erste urkundliche Erwähnung des Rennsteiges.
1485 Leipziger Teilungsvertrag: Der wettinische Besitz zerfällt in einen nördlichen albertinischen und eine südlichen ernestinischen Teil.
1498 Martin Luther kommt als Schüler an die Eisenacher Pfarrschule.
16. Jh. Thüringen wird unter Friedrich dem Weisen Zentrum der Reformation.
1518 Der Rechenmeister Adam Ries kommt nach Erfurt, veröffentlicht seine bekanntesten Zahlenwerke.
1521/1522 Martin Luther versteckt sich auf der Wartburg. In drei Monaten übersetzt er hier das Neue Testament.
1524/25 Bauernkriege. Der Reformator Thomas Müntzer, einer der Anführer, wird 1525 hingerichtet.
1547 Kaiser Karl V. versucht die protestantischen Reichsstände zur Rückkehr zum Katholizismus zu zwingen.
1597 Aufbau einer Glashütte in Lauscha: Beginn der Glasveredelung.
1618-48 Im 30-jährigen Krieg wird die Hälfte der Bevölkerung ausgelöscht.
1760 Unter Fürst von Schwarzburg-Rudolstadt wird das Porzellan „nacherfunden".
1775 Johann Wolfgang von Goethe zieht auf Einladung von Herzog Carl August Herzog von Sachsen-Weimar in dessen Residenzstadt. Weimar wird bis ins frühe 19. Jahrhundert zum geistigen Zentrum Deutschlands.
1788 Goethe und Friedrich Schiller lernen sich in Rudolstadt kennen.
1799-1805 Schiller zieht nach Weimar, dort entstehen seine bekanntesten Dramen. Enge Freundschaft mit Goethe.
1806 Doppelschlacht bei Jena und Auerstedt: Napoleon besiegt die preußisch-sächsischenen Truppen und und erobert kurz darauf Berlin.
1814/15 Nach dem Wiener Kongress fallen Teile Thüringens an Preußen.
1817 Wartburgfest der deutschen Studenten, die für einen Nationalstaat mit freiheitlicher Verfassung plädieren.
1846 Carl Zeiss gründet in Jena sein „Mechanisches Atelier". Es wird zum Ausgangspunkt der weltberühmten feinmechanisch-optischen Industrie.
1869 Wilhelm Liebknecht und August Bebel gründen in Eisenach die Sozialdemokratische Arbeiterpartei (SDAP), den Vorläufer der SPD.
1918 Abdankung der sieben thüringischen Fürsten.
1919 Gründung der ersten deutschen Republik in Weimar.
1920 Gründung des Landes Thüringen mit der Hauptstadt Weimar.
1937 Errichtung des KZ Buchenwald bei Weimar, wo über 60 000 Menschen umkommen. Am 11. April 1945 Befreiung der Gefangenen.
1952 In der DDR wird Thüringen in die Bezirke Erfurt, Gera und Suhl aufgeteilt.
1990 Nach der Wiedervereinigung Neubildung des Freistaates mit Erfurt als Hauptstadt.
1998 Die UNESCO erklärt Weimar zum Weltkulturerbe, ein Jahr später auch die Wartburg.

Modern: Das Anfang 2005 eröffnete Opernhaus ist Kopenhagens neues Wahrzeichen

Melodiös: Straßenmusiker sorgen für Stimmung am Nyhavn

Märchenhaft: die Kleine Meerjungfrau

Kopenhagen verzaubert. Mit alten Schlössern, Parks und Märchen. Mit klarem Design und modernen Gebäuden. Und nicht zuletzt mit der Gelassenheit und Toleranz seiner Bewohner

- Andersen: Zum 200. Geburtstag des Märchendichters
- Goldküste: Die schönsten Villen und Gärten liegen am Strandvej
- Tivoli: Warum die „Mutter aller Vergnügungsparks" so fasziniert
- Architektur: So sieht das neue Kopenhagen aus
- Design: Jacobsen, Henningsen und ihre Nachfolger von heute

Zuletzt erschienen:

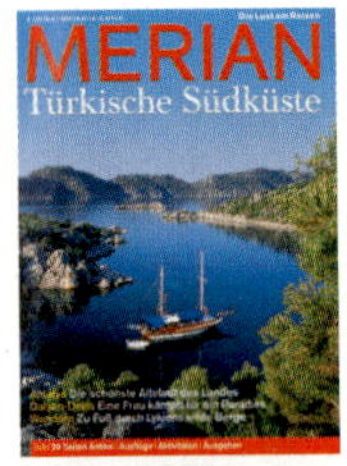

August 2005

Juli 2005

Juni 2005

Mai 2005

April 2005

März 2005

Die nächsten Ausgaben von MERIAN sollten Sie nicht verpassen: Dresden, Australien, Florenz, Salzburg, Mongolei Abotelefon 040-87 97 35 40 oder www.merian.de